HELMUT VIEBROCK

THEORIE UND PRAXIS DER STILANALYSE

Die Leistung der Sprache für den Stil, dargestellt
an Texten der englischen Literatur
der Gegenwart

HEIDELBERG 1977
CARL WINTER · UNIVERSITÄTSVERLAG

CIP-Kurztitelaufnahme der Deutschen Bibliothek

Viebrock, Helmut
Theorie und Praxis der Stilanalyse: d. Leistung
d. Sprache für d. Stil, dargest. an Texten d.
engl. Literatur d. Gegenwart. — Heidelberg:
Winter, 1977.

ISBN 3-533-02561-6 kart.
ISBN 3-533-02562-4 Lw.

ISBN 3-533-02561-6 kart.
ISBN 3-533-02562-4 Lw.

Alle Rechte vorbehalten.
© 1977. Carl Winter Universitätsverlag, gegr. 1822, GmbH., Heidelberg
Imprimé en Allemagne. Printed in Germany
Reproduktion und Druck: Carl Winter Universitätsverlag, Abteilung Druckerei, Heidelberg

Für Rosi

INHALT

Vorwort 9
Einleitung 15

Teil I: Theorie

Bestimmung des Verhältnisses von Sprache, Text und Stil:

1. Bestimmung der Begriffe:
   „Sprache" 21
   „Text" 22
   „Stil" 24
2. Bestimmung der Methode:
   Stilistik zwischen Natur- und Geisteswissenschaften 28
   Stil als Vermittlungsfunktion 29
   Sonde und Folie 31

Teil II: Praxis

Analysen von Texten expositorischer Literatur:

1. Leistung der „subject area" im Satz
   (Henry Pelling. *Britian and the Second World War*) 33
2. Leistung der Anführungszeichen und Hervorhebungen im Text
   (John Robinson, *Our Image of God must go*) 44
3. Leistung der Doppelung (Dyas)
   (Harold Wilson, *The New Britain*) 54

Analysen von Texten imaginativer Literatur
Roman und Erzählung 69

4. Leistung des Adverbs auf -ly
   (Angus Wilson, *Hemlock and After*) 69
5. Leistung der temporalen Konjunktion
   (Iris Murdoch, *Under the Net*) 77
6. Leistung des sozialen Dialekts und der Erlebten Rede (style indirect libre)
   (Alan Sillitoe, *The Disgrace of Jim Scarfedale*) 84

Drama:

7. Leistung der Vergleichspartikel "as" und "like"
   (Christopher Fry, *A Yard of Sun*) 91
8. Leistung von Fragesätzen
   (Arnold Wesker, *I'm talking about Jerusalem*) 101
9. Leistung der Tempusformen Perfekt und Präteritum
   (Edward Bond, *Lear*) 110

Lyrik:

10. Leistung des Satzgefüges
    (T. S. Eliot, *The Cultivation of Christmas Trees*) 119
11. Leistung des Adjektivs
    (Dylan Thomas, *Fern Hill*) 128
12. Leistung des Personalpronomens in Verbindung
    mit Tempuswechsel
    (Thom Gunn, *The Secret Sharer*) 143

Schluß: Stilanalyse als heuristisches Prinzip 152

Anhang: Werner E. Bauer, Zur poetischen Abweichung 156

Benutzte Literatur 163

VORWORT

Das Bedürfnis nach Brückenschlag zwischen Sprachwissenschaft und Literaturwissenschaft ist in dem Maße größer geworden, wie die sie trennende Kluft größer geworden ist. Die aber aus der Sache entspringende Notwendigkeit einer Verbindung und Vermittlung zwischen den beiden Disziplinen betont George Steiner [1] aufgrund der nicht zu leugnenden Tatsache, daß jede literarische Gestalt zunächst einmal ein Sprachakt oder Sprachfakt ist: "*All* literature — oral or written, lyric or prosaic, archaic or modern — is language in a condition of special use ... Every literary form ... is no more or no less than a language act, a combination of syntactic units." [2]

Da die Sprache der Kommunikation dient, ist Literatur als besondere Sprachform Kommunikation. Wenn dabei der Ausdruck der Aussage Stil ist, so ist Literatur auch Stil. Und da Literatur in Texten vorliegt, ist Literatur auch Text. Dies die knappe, vorläufige Rechtfertigung des Titels, in dem die Begriffe „Sprache", „Text", „Stil" erscheinen.

Über Sprache, Text und Stil zu schreiben ist heute sicher ein gewagtes Unternehmen. Denn hinter jedem der drei Begriffe steht jeweils eine ganze Wissenschaft: Linguistik, Textlinguistik [3], Stilistik. Und jeder der drei Begriffe läßt den Hörer oder Leser kompetente Kenntnisse der Fülle der Forschung in fortgeschrittenstem Zustande erwarten.

Ich verstehe mich in dieser Lage als Stilforscher, und ich verstehe die Stilforschung als eine relativ selbständige Disziplin, die aber als Vermittlungsinstanz nach beiden Seiten, zur Sprach- wie zur Literaturwissenschaft hin, auch entsprechend relativ gebunden ist. Hinsichtlich relativer Selbständigkeit stehe ich Stephen Ullmann [4] nahe; hinsichtlich relativer Gebundenheit zur Linguistik Nils Erik Enkvist [5]; betreffs

---

[1] *Extra-Territorial, Papers on Literature and the Language Revolution.* London: Faber & Faber, 1972.
[2] *Ebd.,* S. 126.
[3] Ich beziehe mich hier vor allem auf Peter Hartmann, „Texte als linguistisches Objekt", in: *Beiträge zur Textlinguistik* (hrsg. W.-D. Stempel). München: Fink, 1971.
[4] *Language and Style.* Oxford, 1964.
[5] "On Defining Style", in: Enkvist/Spencer/Gregory, *Linguistics and Style.* London, 1964.

Literaturwissenschaft im weiteren kultursoziologischen Kontext neige ich Roger Fowler[6] zu.

Mein besonderes Interesse, zuletzt herausgefordert durch Theodor W. Adornos *Ästhetische Theorie* [7], hat sich eh und je auf den Punkt und das Problem des Umschlags oder der Vermittlung sprachgestaltlicher, sachgehaltlicher und kunsthafter Momente in literarischen Texten gerichtet, solchen expositorischer Art, in denen die sprachlich-stilistische Gestaltung nach (mehr oder minder) vorgegebenen Zwecken erfolgt, und solchen imaginativer Art, in denen die Zwecke (mehr oder minder) selbstgesetzte sind und Intentionalität statt Intention zeigen. Hier beziehe ich mich kritisch auf H.-G. Gadamer[8]. Soll ich das Ziel meines Forschungsinteresses bestimmen, so muß ich es als den Wunsch nach Erkenntnis der Leistung der Sprache für den Stil in überschaubaren Texten bezeichnen.

Versuche dieser Art hatte ich schon vor mehreren Jahren begonnen; sie haben eine bestimmte methodische Sehweise erzeugt. Es ist ja so, daß das Interesse an einem bestimmten wissenschaftsmethodischen Problem mit der Zeit zu einer besonderen Reizempfindlichkeit („Sensibilisierung") einer bestimmten Bewußtseinszone führt, die dann nahezu selbsttätig reagiert, wenn ihr ein angemessener Gegenstand in die Quere kommt. Es hat sich, so erkennt man, eine besondere Form des Gewahrens gebildet, eine „Sonde". Mit einer solchen Sonde im Bewußtsein macht man nun fast automatisch Erfahrungen mit Gegenständen, nimmt aber auch ebenso unausweichlich wahr, was in der Forschung in die gleiche Richtung weist wie das eigene Interesse. Eifersüchtiges Befremden über einschlägige Konkurrenz schlägt dabei gelegentlich in freudige Genugtuung über die Bestätigung eigener Ansichten durch andere um. Eine solche Genugtuung über die Bestätigung eigener Befunde widerfuhr mir vor einiger Zeit in Cambridge. Beim Durchstöbern von Zeitschriften fand ich in der English Faculty Library das Journal *The Use of English* und in ihm einen Aufsatz, in dem mein Problem eingangs ziemlich genau formuliert war. Da stand: "If stylistics is to make any real contribution to criticism, it must be considered as the study of literature as a mode of communication; and in such a study,

---

[6] *The Languages of Literature.* Some Linguistic Contributions to Criticism. London: Routledge & Kegan Paul, 1971.
[7] Ffm: Suhrkamp, 1970 (Ges. Schriften 7).
[8] *Wahrheit und Methode.* Tübingen, 1972.

means and ends must be given equal weight and shown to be interdependent. Only in this way ... can we ensure that a linguistic description of literary texts is not merely an arid analytic exercise and a literary description not merely a piece of subjective self-indulgence."[9]
Für mein Interesse an der Frage der Leistung der Sprache für den Stil fand ich hier den angemessenen Problem-Kontext: Stilforschung („Stilistik") als Vermittlung zwischen Linguistik und Literaturkritik.

---

[9] H. G. Widdowson, "Stylistic Analysis and Literary Interpretation", in: *The Use of English,* XXIV, 1 (Autumn 1972), S. 28.
Nach Fertigstellung des MS erschien H. G. Widdowson, *Stylistics and the Teaching of Literature.* London: Longman, 1975.

Ich danke meinen Kollegen und Freunden, den Professoren Klaus Hofmann, Wilhelm Hortmann und Fritz Meinecke für die Mühe, die sie meinem Vorhaben angedeihen ließen, der Deutschen Forschungsgemeinschaft für die Gewährung eines Forschungsstipendiums in England, Herrn Werner E. Bauer für linguistischen Rat und den im Anhang beigefügten Beitrag, dem Carl Winter-Verlag, insbesondere seinem früheren Leiter, Herrn Schütte, für viel Geduld, Frau Ortrud O'Connor für die Hilfe bei der Manuskriptherstellung, Herrn Andreas Thomasberger für unerläßliche Hilfe beim Korrekturlesen; für die freundliche Genehmigung zum Abdruck der angegebenen und in den Anmerkungen nachgewiesenen Textstellen, bzw. Texte aus den Werken der genannten Autoren den folgenden englischen Verlagen:

Fontana Paperbacks: Henry Pelling, *Britain and the Second World War*;
The Observer Ltd.: John Robinson, *Our Image of God must go*;
David Higham Associates Ltd. (publishers): Harold Wilson, *The New Britain*;
Secker & Warburg Ltd.: Angus Wilson, *Hemlock and After*;
Chatto & Windus Ltd.: Iris Murdoch, *Under the Net*;
W. H. Allen & Co. Ltd. (publishers): *Alan Sillitoe*, "The Disgrace of Jim Scarfedale" in: *The Loneliness of the Long Distance Runner*;
Oxford University Press: Christopher Fry, *A Yard of Sun*;
Jonathan Cape Ltd.: Arnold Wesker, *I'm talking about Jerusalem*;
Eyre Methuen Ltd. (publishers): Edward Bond, *Lear*;
Faber & Faber Ltd.: T. S. Eliot, *The Cultivation of Christmas Trees*;
J. M. Dent & Sons Ltd. (publishers): Dylan Thomas, "Fern Hill";
Faber & Faber Ltd.: Thom Gunn, "The Secret Sharer".

Helmut Viebrock

'They be not wise, therefore,
that say, what care I for a mans
wordes and utterances, if his
matter and reason be good?'
(Roger Ascham, The Schoolmaster)

EINLEITUNG

Um zu verstehen, was die Aussage eines Autors ausdrückt und was sein Ausdruck aussagt, muß man wissen, worüber der Autor eigentlich redet und was er erreichen will, welche sprachlichen und rhetorisch-kommunikativen Mittel von den ihm zur Verfügung stehenden er verwendet und wie er sie anwendet. Versteht man unter „Stil" ganz einfach die Art und Weise, *wie etwas* gesagt wird, so begreift man Stil als eine mit sich selbst identische, einheitlich-charakteristische Verfahrensweise, die ihre Mittel aus dem Vorrat der verwendeten Sprache bezieht, diese Mittel im Hinblick auf das zu erreichende Ziel auswählt oder umformt und in charakteristischer Wiederholung der Anwendung ihrer Auswahl- und Umformungsprinzipien eine bestimmte Haltung des Autors verrät, die als eine von ihm als Individuum ablösbare und daher auch von ihm bewußt annehmbare, von anderen auch parodistisch verwendbare, daher auch immer leicht künstliche Attitüde, "stance", erscheint. Dieser Stilbegriff, der insofern funktional ist, als er Haltung, Zweck und Mittel miteinander und durch Sachgehalte vermittelt, berührt somit Fragen des gesellschaftlichen Rollenverhaltens, Fragen des Ausdrucks als Fortsetzung der Kommunikation mit Stilmitteln („expressive Kommunikation") und Fragen der signifikanten Abweichung von einer Norm ("deviation" oder "deviance") der Verwendung von Sprach- und Stilmitteln.

Das von der Stillinguistik, bei Nils Erik Enkvist, Richard Ohmann, Samuel Levin, M. A. K. Halliday und anderen hervorgehobene Stilkriterium der Abweichung von einer Norm ist in diesen Stilbegriff genau so eingegangen wie das philosophisch-dialektische Prinzip des Begründens aber auch Durchbrechens von Verfahrensweisen im großen literarischen Kunstwerk durch spontane Schöpfung. Nach dieser Auffassung ist Stil nicht einfach mit ästhetischer Gestalt identisch. Ästhetische Gestalt und Qualität sind dem einzelnen Kunstwerk eigen; Stil hingegen ist als einheitlich-charakteristisches Gepräge von sprachlichen Hervorbringungen aufgrund einer bestimmten Haltung des Prägers zwar die Grundlage der Qualität eines Werkes, aber auch deren Negation, insofern als künstlerische Qualität spezifisch und singulär (und dadurch autonomiebegründend), Stil dem Formationsprinzip nach aber als Rekurrenzphänomen redundant und dadurch relativ generell ist und sich gerade in der Wiederholung gleicher und ähnlicher Momente herstellt. Stil, so könnte man zugespitzt sagen, ist konventionalisierte Spontanität des Ausdrucks einer Aussage; was spontan eine überkommene Verfahrensweise durchbricht, tendiert über Wiederholungen zu neuer Verfestigung als Stil, die nun aber ihrerseits bereits wieder das Moment des Widerstandes gegen diese Konventionalisierung in sich trägt. Becketts Stil etwa ist zugleich immer mit sich selbst identisch, durch das ständige Weiterdrehen der Reduktionsschraube aber auch immer wieder eine Durchbrechung gewohnten Verfahrens und eine Durchsetzung relativ neuer Verfahrensweisen.

Wie aber kann der so verstandene dialektische Stilbegriff philologisch, sprach- und literaturwissenschaftlich als stilanalytische Methode verwirklicht und angewandt werden?

Hier leisten uns die Philosophen und Ästhetiker kaum Hilfe. Ich meine, die methodische Anwendung des so verstandenen dialektischen Stilbegriffs müsse die Gleichzeitigkeit des Prinzips der Positivität (sprich Konvention) mit der in ihr enthaltenen Negativität (sprich Spontaneität) ins Nacheinander einzelner Arbeitsgänge auflösen, nämlich so:
1. Herausarbeitung aller für die Ausdrucksgestalt als relevant erkannten Züge, also "foregrounding" im Sinne von Mukařovskij[1] und der Prager Schule; 2. Abhebung dieser Züge insgesamt von der Norm der Sprache oder eines ihrer Register[2] und 3. Hinlenkung der Analyse dieses von der — externen oder auch nur inhärenten — Norm abweichenden Ausdruckscode auf einzelne, besonders prägnante Züge, also "foregrounding of foregrounding".

Das Erkennen relevanter Züge ist kein Akt unkontrollierbarer, subjektiver Willkür, sondern die Bestandsaufnahme des nach seiner Bedeutung gestuften Inventars der Textstelle durch einen im Lesen und Wahrnehmen geübten Interpreten. Stilanalysen sind infolgedessen erlernbar, allerdings nicht im Sinne schematischer Prozeduren, sondern

---

[1] "Standard Language and Poetic Language", in: Chatman and Lewin *Essays on the Language of Literature.* Boston / Mass., 1967.
[2] Register ("register") ist die für bestimmte Situationen gesellschaftlichen Lebens angemessene, von bestimmten Gruppen zu bestimmten Zwecken benutzte vorgegebene Redeweise.

individuell und heuristisch [3] zu entwickelnder hermeneutischer [4] Prozesse.

Für die Anwendung auf die Literatur, z. B. die englische Literatur der Gegenwart, sind mehrere Entscheidungen nötig. Die erste ist bereits mit der Beschränkung auf die *englische* Literatur der *Gegenwart* gefallen. Sie ist durch das Fach, durch das allgemeine Interesse am Gegenwartsschrifttum und durch die Möglichkeit zu freier, durch vorgängige Forschung nicht zu sehr eingeschränkter eigenständiger Urteilsbildung bestimmt. Die zweite Entscheidung betrifft Wahl, Auswahl und Abgrenzung des Textes, eine Frage der Übereinstimmung objektiver Relevanz und subjektiven Interesses. Die Entscheidung für einen bestimmten Textumfang ist weitgehend eine Frage der methodischen Zweckmäßigkeit. Bei übersatzmäßigen („transphrastischen") Texten oder Makrostrukturen ist die Möglichkeit eindrucksvoller Verdeutlichung des Zusammenwirkens der wichtigen Strukturelemente im Text beeinträchtigt. So sehr jedoch Stil, sprachlich gegründet, sich vornehmlich im Satz und unterhalb des Satzes, also an der expressiven Verwendung von Morphem, Syntagmem oder auch Phonem aufzeigen läßt, so wenig kann sich die Stilanalyse als Ermittlung einer bestimmten Verfahrensweise auf den Satz, die Mikrostruktur, beschränken. Je umfangreicher aber nun Texte sind, desto schwieriger wird der Nachweis der die einheitlich-charakteristische Verfahrensweise begründenden Wiederholung, weil das herauslösende, kontextlose Aus- und Aufzählen zwangsläufig zu Statistik und Klassifikation führt, die zwar als Zubringertätigkeit nützlich sein können, in denen aber, werden sie zur quantifizierenden Methode verabsolutiert, die lebendige Vermittlung des Sachgehalts durch die Sprach- und Stilgestalt verlorengeht. Andererseits aber begrenzt die Wahl eines Textausschnitts von geringem Umfang wiederum die Gültigkeit des Befundes im Hinblick auf die Sinnerschließung des Gesamtkontextes.

Wenn ich im folgenden Texte, sowohl vollständige wie auch Textausschnitte von geringem Umfang – gering in Bezug auf den Gesamtumfang des betreffenden Werks – analysiere, so geschieht dies im Bewußtsein der zwangsläufig begrenzten Geltung des Befundes hinsichtlich

---

[3] heuristisch: „auf das Finden, Entdecken bezüglich; auch: zur Auffindung von Neuem (neuen Gedanken, neuen Tatsachen) dienend..." Heinrich Schmidt, *Philosophisches Wörterbuch* (Kröner).
[4] hermeneutisch: die Methode des Verstehens eines Ganzen aus seinen Teilen sowie zugleich eines Teils aus dem Ganzen.

der ja immer aufgegebenen Sinnerschließung des Gesamtwerks, zugleich aber auch im Bewußtsein größerer Differenzier- und Verifizierbarkeit. Es ist aber auch gar nicht beabsichtigt, einmal mehr Text- oder Stilinterpretationen zu vollziehen. Vielmehr soll an begrenzten Textausschnitten oder -abschnitten als Vorarbeit einer Stilinterpretation die Leistung einzelner sprachlicher Mittel für den Stil eines Textes aufzuzeigen versucht werden. Die Wahl legte der zu untersuchende, im Zusammenhang gelesene Text selbst nahe. Was beim Lesen als anscheinend besonders bedeutungsvoll auffiel, also als potentiell relevant bezeichnet werden kann, soll nun durch Prüfung der sprachlichen Mittel, z. B. eines Syntagmas und seiner stilistischen, expressiv-kommunikativen Funktionen, dingfest, vielmehr wortfest gemacht, an der sprachlichen Gestaltung und ihrer Wirkung selbst aufgezeigt werden.

Das bedeutet aber auch, daß der Anspruch erhoben wird, den Stil eines Textes oder Textteils als seine ,,Physiognomie", ,,Handschrift" oder ,,Persönlichkeit" zu ermitteln. Dabei steht zu hoffen, daß Einblicke nicht nur in die Verfassung und Organisation eines solchen Textes eröffnet, sondern auch Erkenntnisse über die Ursachen dieser Wirkungen in der Leistungsfähigkeit, der Potenz, der Sprache als ihrer medialen Voraussetzung gewonnen werden.

Bei der Durchführung der Analysen werden theoretisch unterschieden die Arbeitsgänge: ,,Beschreibung der Textstelle", ,,Sprachwissenschaftliche Vorbereitung der 'Sonde'", ,,Literarkritische Aufbereitung der 'Folie' ", ,,Durchführung der Analyse" und ,,Ergebnisse"; praktisch sind diese Arbeitsgänge jedoch nicht immer so säuberlich zu trennen, weil solch spezifische Interpretationen ebenso wenig nach einem Schema verfahren können, wie die Hervorbringung nach einem Schema verfährt.

Im Vorgriff auf die folgenden Analysen möge das Prinzip des methodischen Verfahrens an einem Beispiel erläutert werden. Der syntaktische und semantische Unterschied des englischen *perfect tense* und *preterite* ist bekannt. Treten diese beiden Tempora in deutlicher Opposition zueinander im gleichen Text auf, so ist mit Sicherheit zu vermuten, daß der Unterschied stilistisch ausgenutzt wird. Dies geschieht in einer Szene in Edward Bonds *Lear*[5], wo der Gegensatz der Tempora als Ausdruck eines tiefangelegten Antagonismus zwischen

---

5 Vgl. S. 110 ff.

Lear und Cordelia erkannt wird. Die Reflexion auf den prinzipiellen syntaktisch-semantischen Unterschied der beiden Tempora macht, als „Sonde" auf den Text als „Folie" gerichtet, eine differenzierte Deutung möglich; umgekehrt verweist diese Erkenntnis aber auch mit Rückkoppelungseffekt zurück auf die prinzipielle linguistische Potenz jener Opposition der beiden Tempora. Das sprachliche Instrumentarium, in diesem Falle die syntaktisch-semantische Opposition von *perfect tense* und *preterite*, wird nicht nur als Sonde angewandt, sondern dabei gleichzeitig auch auf seine Anwendbarkeit hin überprüft.

Das methodische Verfahren, das so den Text, die „Folie", mit Hilfe der „Sonde" analysiert, aber auch die „Sonde" am Text, der „Folie", auf ihre analytische Brauchbarkeit hin überprüft, prüft damit die Reichweite stilistischer Interpretation der sprachlichen Sonde und die Ergiebigkeit des Textes für deren Anwendung. "I will set linguistic evidence in correspondence with intuitive judgment, giving neither any particular priority. This means that I shall proceed shuttlecockwise, moving from intuitive impression to linguistic observation and vice versa, adducing evidence to support aesthetic judgments and allowing the evidence to develop further hypotheses as to its significance." [6]

Dieses Verfahren, das einerseits von linguistischen Erkenntnissen profitiert und damit einer erklärenden Wissenschaft verpflichtet ist, andererseits auf literarkritischen und ästhetischen Einsichten basiert und somit der verstehenden Wissenschaft verbunden ist, wirft eine Reihe von Fragen auf, vor allem die Frage des Stilbegriffs, der von verschiedenen wissenschaftlichen Disziplinen und Theorien in je verschiedener Auslegung in Anspruch genommen wird, und damit auch die Frage des Verhältnisses von Sprache, Text und Stil. Diese Begriffe sind daher zunächst zu untersuchen und für den vorliegenden Zweck zu bestimmen.

---

[6] Widdowson, *a.a.O.*, S. 29

Teil I: Theorie

Bestimmung des Verhältnisses von Sprache, Text und Stil:

1. Bestimmung der Begriffe:

„Sprache"

„Natürliche Sprachen sind Mittel zur Kommunikation, in denen durch syntaktisch strukturierte und akustisch realisierte Objekte bedeutungsenthaltende Mitteilungen von einem Sprecher an den anderen weitergegeben werden ... Im großen und ganzen genommen besteht sprachliche Kommunikation in der Hervorbringung eines äußeren, öffentlich wahrnehmbaren, akustischen Phänomens, durch dessen phonetische und syntaktische Struktur die inneren, persönlichen Gedanken oder Ideen eines Sprechers codiert werden, und in der Decodierung der in einem solchen physikalischen Phänomen sich zeigenden phonetischen und syntaktischen Struktur durch andere Sprecher in Form einer inneren, persönlichen Erfahrung der gleichen Gedanken oder Ideen."[1] Im Hinblick auf das Verhältnis von Sprache über Text zu Stil ist diese des pragmatischen Aspekts ermangelnde Grunddefinition um das Moment der Expressivität zu erweitern: Sprache, hier vertreten durch die englische Sprache, wird daher als komplexes, kommunikatives *und expressives* System verstanden, in dem die Expressivität als Voraussetzung von Stil die den Sachgehalt in die ästhetische Form vermittelnde „Kommunikationsspitze" ist.

Sprache liegt in den analysierten Texten in schriftlich fixierter und mehr oder weniger stark künstlerisch, nämlich rhetorisch, fiktional, dramatisch oder lyrisch gestalteter Form vor.

---

[1] Jerrold J. Katz, *Philosophie der Sprache.* Frankfurt/M.: Suhrkamp Verlag, 1969, S. 92f.

„Text"

Wenn Texte verschiedener Art, Gestalt und Sorte Gegenstand einer eigenen Disziplin, der Textlinguistik, geworden sind, so konnte die Bestimmung des Textcharakters sich nicht auf das jeweils Spezifische einer besonderen Textart, -gestalt oder -sorte berufen, sondern mußte auf die Ermittlung der einen, allen Arten, Gestalten und Sorten von Texten gemeinsamen Eigenschaft bedacht sein. Es ist nun die These der Textlinguistik, daß „*aktualisierte* Sprache stets eine zu Text oder zu Texten verarbeitete Sprache ist"[2]. Die Textlinguistik unterscheidet dazu zwei grundsätzliche Möglichkeiten, einen Text in seiner Struktur zu verstehen: Geht das analytische Verfahren von den sprachlichen Mitteln aus, so verläuft also die „Hierarchisierungsrichtung" von „unten" nach „oben", also von den genau zu beschreibenden Phänomenen, Morphemen, Syntagmemen usw. auf die übersatzmäßigen („transphrastischen") Sprachzusammenhänge, also „Texte"; oder aber die Analyse setzt bei den übersatzmäßigen Sprachzusammenhängen und deren Organisationsprinzipien ein, dann verläuft die „Hierarchisierungsrichtung" von „oben" nach „unten". Unterschieden wird mithin zwischen innersatzmäßigen Sprachbildungs- und übersatzmäßigen Textbildungsmitteln. Beim Umgang mit den Textbildungsmitteln besteht für den Textlinguisten die „Gefahr" der Vermischung rein linguistischer Aufgaben mit solchen ästhetischer, sozialer und kultureller Art und Vermittlung.

Stilistische Textanalysen werden dieser „Gefahr" nicht nur nicht entgehen können; sie werden sich ihr stellen müssen, wenn sie die Leistungsfähigkeit sprachlicher Mittel („Sprachbildungsmittel") in Verbindung mit der Leistungsfähigkeit literarkritisch-ästhetischer Mittel („Textbildungsmittel") in und an Texten untersuchen.

In dieser Arbeit, die eine Vorstufe zu stilistischen Interpretationen darstellt, sind die zu untersuchenden Texte nach dem Kriterium des Zwecks in den einfachen typologischen Gegensatz „expositorischer", nämlich „zweckvorgegebener" und „imaginativer", nämlich „zweckselbstsetzender" Texte gebracht, eine Unterscheidung, die zur genaueren Bestimmung des Textes herausfordert, also heuristisch verstanden werden will.

---

[2] P. Hartmann, „Texte als linguistisches Objekt", in: W.-D. Stempel (Hrsg.), *Beiträge zur Textlinguistik.* München, 1971, S. 27.

Näher zu begründen ist indessen die Auswahl und der Ausschnitt der Texte, sofern diese nicht, wie beim lyrischen Gedicht, das vollständige Werk ausmachen, sondern nur einen Teil desselben darstellen. Die Antwort kann nur in einer den subjektiven Geschmack und die objektive Relevanz vermittelnden Form erfolgen. Beim ersten, provisorischen Durchgang durch ein Werk werden der geschulten Sensibilität des kritischen Lesers Passagen auffallen, die ihm bedeutungsvoll für das Verständnis und den Sinn des ganzen Werks erscheinen, bedeutungsvoller als andere, und die daher in gewissem Sinne repräsentativ sind. Diese Wahrnehmung mag zunächst „intuitiv" sein — intuitiv im Sinne noch nicht voll entfalteter, aber auf Erkenntnis gerichteter, und zwar richtig gerichteter, Kompetenz —; aber darin liegt gerade der Ansporn, den wahrgenommenen Sachverhalt durch rationale, methodische Analyse nun auch begreifen zu wollen. So entsteht das Bedürfnis, eine bestimmte Textstelle, einen „Text", genauer zu analysieren.

Wenn die praktische Stilanalyse sich auf die Expressivität, d. h. die Ausdruckskraft der Aussage eines Textes und damit auch auf die Aussagekraft des Ausdrucks richtet, so richtet sich das theoretische Interesse dabei nicht auf den Sinngehalt der in ihrer Totalität vermittelten Einheit des Gesamtbildes, sondern eben nur auf Teile jenes Gesamtbildes. An ihnen sollen Strukturen und Momente im Hinblick auf vergleichbare Strukturen oder Momente im Oeuvre oder darüber hinaus wie auch im Hinblick auf die Leistungsfähigkeit der verwendeten Mittel selbst erkennbar gemacht werden.

Die Ab- oder Ausgrenzung eines Textes aus einem Gesamtkontext, die den Anspruch einer totalen Sinnerhellung notwendigerweise nicht befriedigen kann, erstellt indessen ein relativ überschaubares und vergleichbares Gebilde, dessen Begrenzung einen bestimmten gestalthaften (und daher immer prinzipiell ästhetischen) Kontur, ein Profil, eine „Physiognomie" erzeugt. Ein so verstandener Text[3] ist die Voraussetzung für Stilanalysen auf sprachlicher Grundlage.

---

[3] J. B. Carroll, "Vectors of Prose Style", in: Sebeok (ed.), *Style in Language*. New York/London, 1960, S. 283, spricht von der „Persönlichkeit" ("personality") eines Textes.

„Stil"

"What is style? " — „Was ist Stil? " fragt Seymour Chatman, Bearbeiter und Herausgeber des Symposiums *Literary Style*[4] und zählt verschiedene gängige Verwendungsweisen des Begriffs „Stil" auf: Stil als idiosynkratische Manier von Individuen oder Gruppen, Stil als Texteigenschaft, Stil als Expressivität, Stil als Angemessenheit einer Haltung, ohne damit die Liste zu erschöpfen. Einen ähnlich vielgestaltigen Katalog bietet Stephen Ullmann[5], und auch die meisten der übrigen Symposiarchen schicken ihren Beiträgen kurze Skizzen des Labyrinths der Stilkonzeptionen voran.

Für den vorliegenden Zweck erscheint es wenig sinnvoll, die rational kaum faßbare Vieldeutigkeit des Stilbegriffs von heute ausführlich zu besprechen. Die beiden Symposien *Style in Language*[6] und *Literary Style*[7] sowie die Bibliographie *English Stylistics*[8] bieten ein unüberschaubares Bild der Lage.

Im Hinblick auf die Fragestellung Sprache — Text — Stil muß und kann daher eine Konzeption von Stil entworfen werden, die am besten geeignet ist, linguistische Fragestellungen für literarisch-ästhetische Probleme nutzbar zu machen. Angelpunkt einer solchen Konzeption muß das Verhältnis von Sprach- und Literaturwissenschaft sein, das durch Textwissenschaft vermittelt wird. Die Formulierung des angemessenen Stilbegriffs muß einerseits dies Vermittlungsproblem, andererseits die Anwendbarkeit für die praktischen Analysen berücksichtigen.

Für die Linguistik ist Stil als ein Typus systematischer sprachlicher Variation[9] eine objektive sprachliche Gegebenheit. Nach Enkvist müßte eine umfassende Sprachtheorie die verschiedenen Typen sprachlicher Variation — regionale Dialekte, soziale Dialekte, Idiolekte, Stile, Register — umfassen und außerdem zwischen systematischen, strukturell signifikanten und zufälligen, strukturell nicht signifikanten

---

[4] *Literary Style: A Symposium*, ed. Seymour Chatman. London/New York OUP, 1971, S. XI.
[5] "Stylistics and Semantics", a. a. O., S. 133.
[6] *Style in Language*, ed. Thomas A. Sebeok. Cambridge/Mass.: MIT, 1964.
[7] *Literary Style: A Symposium*.
[8] Richard W. Bailey and Dolores M. Burton, S. N. D., *English Stylistics: A Bibliography*. Cambridge / Mass. and London: MIT Press, 1968.
[9] Nils Erik Enkvist, "On the Place of Style in Some Linguistic Theories", in: *Literary Style*, S. 47: "... style is one type of systematic linguistic variation."

("random") Variationen innerhalb eines jeden dieser Typen unterscheiden. Außerdem müßte diese Theorie Grundsätze der Hierarchisierung entwickeln, um festzustellen, welches unabhängige Systeme sind und welches abhängige, also Subsysteme.[10] Enkvists eigene Position ist Bernard Blochs berühmter strukturalistischer Stilformel verpflichtet: "(Style is) the message carried by the frequency distributions and transitional probabilities of its linguistic features, especially as they differ from those of the same features in the language as a whole".[11] Enkvist sieht indessen die Transformationslinguistik als die vielversprechendste Disziplin für linguistische Stilanalyse an: "If style is choice, then transformation grammar is, I take it, the grammatical model that so far most fully maps out the system and range of this choice."[12] Ist das Stilproblem eine Frage linguistischer Variation, so stellen sich für Enkvist den Stilforschern zwei Aufgaben: "They must describe the variant language, either as an independent system in its own right or as a subsystem derivable by explicit rules from some known system; and they must make clear by whom, when, and where this particular variant is, or was, used."[13]

Enkvists Position ist als linguistische theorieorientiert. Sie zielt auf prinzipielle Erkenntnisse grundlegender Strukturen und die Gewinnung linguistischer Universalien ab und unterscheidet sich darin von der Position des literarkritisch und ästhetisch orientierten Philologen, dessen Position, sofern sie nicht theoretische Selbstreflexion ist, datenorientiert ist und auf besondere Erkenntnisse des Textes, seines Sachgehalts, seiner Gestalt und seines Wahrheitsgehalts abzielt. Enkvist formuliert die Frage nach der Leistung der Linguistik für die Stilforschung folgendermaßen: "First, what help can the student of style get from linguistics when discussing texts with a deviant linguistic structure? Secondly, what help can linguists give to those wishing to analyse connected texts and pay attention to units larger than the sentence?"[14] Die Fragen richten sich auf zwei Hauptprobleme der Stiltheorie und -analyse: auf das der Abweichung ("deviation") und

---

[10] Vgl. *ebd.*
[11] "Linguistic Structure and Linguistic Analysis", in: *Report on the Fourth Annual Round Table Meeting on Linguistics and Language Teaching,* ed. A. A. Hill. Washington, D. C., 1953, S. 40ff.
[12] *Ebd.,* S. 51.
[13] *Ebd.,* S. 47.
[14] *Ebd.,* S. 52f.

das der zusammenhängenden Rede, des Diskurses ("discourse"). Zu
betonen ist der zusammenhängende Charakter der Rede als Diskurs,
weil sich dieser Punkt Enkvists mit dem Kriterium der Kohärenz
("coherence") in der kritischen Sicht Todorovs berührt.[15]

Für die Ermittlung der Abweichung ist nach Enkvist der Vergleich
die angemessene Methode der Analyse: "Comparison is necessary if
we are to describe the essence of deviant structures. I should like to
add that comparison is always the essence of all study of style: the
very concept and feel and texture of style arise through comparison
of the structure of the text we are studying with the structures of
other texts. This is so, irrespective of whether these other texts are
explicitly listed, tacitly remembered, or fictive in the sense of having
been generated in one's imagination."[16]

Hinsichtlich der übersatzmäßigen Strukturen des Diskurses betont
Enkvist, daß eine Reihe von Satzverbindungsmitteln ("intersentence
devices") auch für die Großstrukturen stilistische Relevanz besitzen. Als
mögliche Gruppierungen solcher Mittel schlägt er vor: "topic", "focus"
und "linkage".[17] Darunter versteht er: "topic" als Züge, die zum Gegenstand der Redeeinheit, dem Vokabularzusammenhang und dem Dis-
kursfeld gehören; "focus" als Wahl und Kennzeichnung der Funktion
von Wörtern und Wortgruppen in Satz und Satzgruppe ("clause"),
d. h. die wichtigsten Mittel der Zentrierung ("focal devices"), im
Sinne des "foregrounding", durch phonologische, syntaktische und
lexikalische Mittel; "linkage" als Gebrauch von Wendungen ("phrases"),
Konjunktionen, Pronomina, Fällen von Kongruenz ("concord")
und Zeitenfolge usw., also Oberflächenschicht formaler Kennzeichen,
die jeden Satz mit der Umgebung verbinden.[18]

Enkvist rät angesichts des Fehlens einer auch den Stil umfassenden
linguistischen Theorie, eklektisch zu verfahren. Diesem Rat folgt die
vorliegende Untersuchung. Da der Text die oberste Begrenzung für
eine stilistische Analyse ist, ist bei Enkvist wichtigste Voraussetzung
für die Entwicklung und Anwendung eines linguistischen Stilkonzepts

---

15 Tzvetan Todorov, "The Place of Style in the Structure of the Text", in:
   Literary Style, S. 39.
16 *Ebd.*, S. 54.
17 *Ebd.*, S. 57.
18 *ebd.*, S. 57.

die Bereitstellung einer Textlinguistik. [19] Gleichzeitig damit wäre aber nach Enkvist eine Methode der Stilanalyse zu entwickeln, die, wie die Methode des Transformationsgrammatikers im Hinblick auf die Sprache, zunächst die eigene stilistische „Intuition" (im oben beschriebenen Sinn antizipierender Kompetenz), nämlich Einsicht in den Stil eines Textes registriert. [20]
Auch diesem Hinweis folgt die vorliegende Untersuchung, obgleich sie weder den Anspruch auf linguistische Kompetenz erhebt, noch in den praktischen Analysen, wie bereits betont, Stilanalysen in der hier allgemein theoretisch begründeten Weise vornimmt, sondern sich bewußt auf eine Vorarbeit dazu beschränkt: nämlich die Leistung der (englischen) Sprache für den Stil als die Sachgehalte und Zwecke mit gewählten Gattungen und Formen vermittelnde einheitlich-charakteristische Verfahrensweise an Texten expositorischer und imaginativer Literatur zu untersuchen. Der Beschreibung dieser, auf den so beschränkten Gegenstand eingeschränkten Methode soll die folgende kurze Bestimmung der Methode dienen.

[19] *ebd.*, S. 63.
[20] *ebd.*

2. Bestimmung der Methode:

Stilistik zwischen Natur- und Geisteswissenschaften

Mit der linguistischen Theorie der Deviation[21] war einer wesentlichen Eigenschaft des Stils als einheitlich-charakteristischer Verfahrensweise entsprochen: seiner mehr oder minder ausdrücklichen Abweichung von einer Norm, die in jeder vom Stil als Expressivität ausgehenden Wirkung als innere Antithese mitgedacht oder mitgefühlt wird. Ein anderer, für die Stilkonzeption aus der Sicht der Textlinguistik wichtiger komplementärer Wesenszug war die Kohärenz, der einheitliche Zusammenhang eines Diskurses, bzw. eines Textes, auf den wiederum die populäre Definition von Stil als „einheitliches, charakteristisches Gepräge menschlicher Hervorbringungen" (Der Große Brockhaus) allgemein beschreibend hinweist.

Die kritische Erörterung dieses Problems, insbesondere durch Todorov[22], zeigt, wie stark zur Zeit die Neigung ist, Stilanalyse als linguistisches Verfahren (natur-)wissenschaftlich-szientistisch zu betreiben und zu diesem Zwecke rational und kategorial durchzuformalisieren. Demgegenüber scheint Stilanalyse als literaturwissenschaftliches, hermeneutisches Verfahren im Rückzug zu sein. Allerdings ist der geisteswissenschaftlichen Stilanalyse in der Erkenntnis, daß „Intuition", weit davon entfernt, irrational und unverbindlich zu sein, eine vorwegnehmende nachträglich diskursiv zu vollziehende Kompetenz ist, ein gewichtiges Argument zugewachsen. Es zeigt, wie der unbegründete Argwohn gegenüber der Intuition — einer falschen, weil inkompetenten Einsicht gegenüber ist er allzu berechtigt — selbst auf einem Mangel an Einsicht in das Wesen der Intuition beruht.

Für das vorliegende eigene Projekt ist das Dilemma des Stils zwischen Natur- und Geisteswissenschaften nur so auflösbar, daß einerseits zwar Ergebnisse der Linguistik benutzt werden, sofern gezielte sprachliche und allgemein sprachwissenschaftliche „Sonden" an Texte angelegt werden, daß andererseits das vorgegebene und vorausgesetzte Textverständnis auf einer allgemeinen literarkritischen Interpretation beruht,

---

[21] Über das Problem poetischer Abweichung aus linguistischer Sicht vgl. den Beitrag von Werner E. Bauer im Anhang.
[22] Tzvetan Todorov, "The Place of Style in the Structure of the Text", in: *Literary Style*, bes. S. 39.

die nicht nur auf den Anspruch szientistischer Exaktheit verzichtet, sondern darüber hinaus auch auf den Anspruch einer erschöpfenden Gesamtdeutung des dem Text zugrundeliegenden Werks. Diese Feststellung darf indessen keinen Rückfall in impressionistischen Subjektivismus nach sich ziehen; vor einem solchen muß das Bedenken aller relevanten Momente des Textes im Rahmen seines größeren Kontexts, das der Analyse vorangeht und sie beiherspielend begleitet, das methodische Vorgehen bewahren. Dazu trägt die durch die Kommunikationstheorie vermittelte Erkenntnis bei, die durch die Einbettung linguistischer Kompetenz in eine allgemeinere „kommunikative Kompetenz" [23] die Möglichkeit bietet, Stil nicht nur als sprachlich-literarischen Ausdruck zu begreifen, sondern auch als pragmatisches, soziales Verhalten, als Haltung. Gerade bei expositorischen Texten wie dem einer politischen Rede kommt die Unterscheidung des „performativen" und „propositionalen" Aspekts von Äußerungen [24] der Klärung des Sachgehaltes im Verhältnis zur ästhetischen Gestalt und damit zum Stil entgegen.

Stil als Vermittlungsfunktion

Allerdings: trotz dieser Hilfen bleibt die hybride Natur des Stils als eines teilweise objektiv erkenn- und meßbaren, teilweise aber nur subjektiv erkenn- und verstehbaren Phänomens bestehen, doch ist die Bewußtmachung dieses Charakters einer echten Vermittlungskategorie als Gewinn und nicht als Verlust zu verbuchen. Stil, einmal ein „objektives", der Sprache als Kommunikationssystem zuzurechnendes Phänomen, zum andern ein „subjektives", dem Bewußtsein, bzw. der Person als Bewußtseinsträger zuzurechnendes Phänomen verstanden, gründet gerade in dieser Vermittlungsfunktion, die stiltheoretisch sich als die dialektische Relation zwischen einer einheitlich-charakteristischen Verfahrensweise und einer aus ihr hervorgehenden, sich aber gegen sie richtenden Abweichung von dieser Norm ausweist. Das bedingt wiederum den Charakter relativer (an der Verfahrensweise orientierter) Gebunden-

---

[23] Vgl. J. Habermas, „Vorbereitende Bemerkungen zu einer Theorie der kommunikativen Kompetenz", in: Jürgen Habermas/Niklas Luhmann, *Theorie der Gesellschaft oder Sozialtechnologie?* Ffm, 1971. Ein gewisser Widerspruch bei Habermas zwischen der akzeptablen Unterscheidung des „performativen" und „propositionalen" Aspekts und einer allzu formalistischen Gleichsetzung dieser Aspekte mit syntaktischen Gebilden fällt auf.
[24] *op. cit.*, S. 106ff.

heit und relativer (an der Durchbrechung orientierter) Selbständigkeit des Stils, sofern er nicht plan mit Verfahrensweise oder Ausdruckskonvention gleichgesetzt wird, was in dieser Untersuchung nicht geschieht. Daß es nicht geschieht, ist der Stiltheorie Theodor W. Adornos in seinen musik-ästhetischen und soziologisch-ästhetischen Schriften, insbesondere seiner *Ästhetischen Theorie,* zu verdanken.

Der Stil der in Massenproduktion hergestellten „Kunst" als Ware der modernen Kulturindustrie war für Adorno und Horkheimer [25] Anlaß zur polemischen Gegenüberstellung dieses Zerrbildes von Stil mit dem „vergangenen echten" der großen Kunstwerke der Vergangenheit (der dort nun allerdings sogleich polemisch als jeweiliges Äquivalent von „Herrschaft" ideologisiert und relativiert wird). Denn: „Die großen Künstler waren niemals jene, die Stil am bruchlosesten und vollkommensten verkörperten, sondern jene, die den Stil als Härte gegen den chaotischen Ausdruck von Leiden, als negative Wahrheit, in ihr Werk aufnahmen."[26] Hier wird Stil noch als vor-werkliche, „bruchlose", d. h. abstrakte einheitlich-charakteristische Verfahrensweise verstanden, die dem ausbrechenden Ausdruck des Leidens ausdruckskräftige Grenzen setzt. Stil ist hier noch vorgegebene Verfahrensweise und als solche zeit- und herrschaftsgebundene Konvention. Stil ist aber auch schon, obgleich nur angedeutet, die im individuellen großen Kunstwerk durch den Widerstand gegen die begrenzende Konvention der Verfahrensweise entstehende Ausdruckskraft oder Expressivität, die der objektiven Tendenz und Sachlogik des Werks erst zur Darstellung verhilft.

In der etwa dreißig Jahre später entstandenen *Ästhetischen Theorie* wird dieser Gedanke wiederaufgenommen und schärfer herausgearbeitet. Konventionen in ihrer Annahme und Aufhebung im Widerspruch des kreativen Subjekts gegen sie werden jetzt Stil genannt. Stil wird zugleich auf das Begründende und Umfassende wie auch auf das Besondere und – in den Momenten der Freiheit – Widerstand Leistende bezogen. Deutlicher als zuvor werden dabei Stil als Allgemeines und Besonderes vermittelnde Ausdrucksform und ästhetische Qualität des Werks als solche geschieden: „Nie reichte der Stilbegriff unmittelbar an die Qualität von Werken heran; die ihren Stil am genauesten zu repräsentieren scheinen, haben stets den Konflikt mit ihm ausgetragen; Stil selbst war die Einheit von Stil und seiner Suspension."[27]

[25] Max Horkheimer und Theodor W. Adorno, *Dialektik der Aufklärung.* Ffm, 1969.
[26] *Ebd.,* S. 138.
[27] Adorno, *Ästh. Theorie,* S. 307.

Dieser dialektische Stilbegriff besticht als Theorem, indem er zwei gegensätzliche Stilkonzeptionen der Gegenwart, Stil als beschreibbare Verfahrensweise allgemeiner Art (die für Adorno an der Musik orientiert ist), und die eigentlich nur als Negation konzipierte Opposition zu ihr miteinander verbindet, Aspekte, denen die Begriffe Norm und Deviation homolog sind.

Wie aber ist ein solcher dialektischer Stilbegriff, der fraglos das einstweilige Fazit der Situation zieht, für die praktische Stilanalyse nutzbar zu machen? Wie überhaupt ist philosophische Dialektik in philologische Hermeneutik zu überführen?

Würde Adornos Denkstil eine Schematisierung zulassen, so würde das (oder der) Moment der Freiheit, das (oder der) in der Durchbrechung der Konvention kraft der inneren Logik des Sachgehalts und des Zwecks zutagetritt, sich methodisch als Beschreibung der normativen Verfahrensweise und ihrer deviativen Durchbrechung formulieren lassen, wobei die Durchbrechungen der sich schon als neue Konvention etablierenden Durchbrechung der ursprünglichen (erkennbaren oder unterstellten) Norm eine dritte Stufe der Beschreibung darstellen würden, nach den Begriffen der Prager Schule also "foregrounding of foregrounding". Wichtig ist vor allem, daß bei jeder Analyse einer Deviation von der Norm die innere Logik des ästhetisch vermittelten Sachgehalts gebührend zur Geltung gebracht wird. Das Prinzip der im Dreischritt formalisierten Dialektik des Stilbegriffs ist für die Methode der folgenden Stilanalysen mitbestimmend.

Sonde und Folie

In den folgenden praktischen Analysen ist diese für eine allgemeine Stilanalyse entworfene Methode allerdings nur beschränkt verwirklicht, nämlich nur so weit, als in ihnen jeweils ein dominierender, zunächst intuitiv wahrgenommener Stilzug als sprachliches Phänomen auf seine allgemeine Funktion hin untersucht und dann auf seine Leistungsfähigkeit an dem betreffenden Text hin geprüft wird. Dieses Verfahren, das als Anlegen einer sprachlichen „Sonde" an die „Folie" eines Textes beschrieben worden ist, wird an jedem der zwölf Texte mit Hilfe eines besonderen sprachlichen Mittels durchgeführt. Es setzt auf der Seite des Sprachmittels die allgemeine Kenntnis der Funktion dieses Mittels voraus, auf der Seite des Textes die allgemeine Kenntnis der Textmittel übersatzmäßiger Art, in denen Sachgehalt, Zweck und ästhetische Form ihrerseits funktionalisiert sind. Es muß auch hier eingeräumt werden, daß die Beschreibung der Textmittel, die der „Folie" dienen, nur andeutungsweise zur Geltung kommen, wie denn überhaupt die Grenzlinie zwischen den Textbildungsmitteln und den Wortbildungsmitteln noch der genaueren Erforschung und Bestimmung durch die Textlinguistik, bzw. Stilistik bedarf.

Für die Stilanalyse im Bereich der sprachwissenschaftlich begründeten Literaturwissenschaft ist der „Text" die wichtigste Größe, mit Hallidays Worten: "It is the text and not some supersentence that is the relevant unit for stylistic studies". [28]

Es gibt keine Bereiche der Sprache, die nicht stilistisches Potential enthielten. Die Aufgabe literarischer Stilinterpretation auf sprachlicher Grundlage ist methodologisch hybrid, doch ist sie es zwangsläufig. In ihr treffen linguistische Kompetenz und literarische Kompetenz aufeinander. Für diese Dialektik der Kompetenz und die dem Stilforscher aufgegebene Lösung des theoretisch erkannten Problems durch Entwurf und Entwicklung einer praktikablen stilanalytischen Methode können die folgenden Untersuchungen und Beobachtungen nur Hinweise und Vorbereitung sein.

---

[28] M. A. K. Halliday, "Linguistic Function and Literary Style", in: *Literary Style*, S. 334.

Teil II: Praxis

Analysen von Texten expositorischer Literatur

1. Leistung der "subject area" im Satz

(Henry Pelling, *Britain and the Second World War* [1])

I [1] Some people thought that the destruction of large parts of London and other cities in the air raids would provide a wonderful opportunity for planned reconstruction after the war, as had occurred in London after the Great Fire in 1666. [2] The Ministry of Town and Country Planning, set up in 1944, was looked upon as the pioneer of a new and well-ordered world. [3] But post-war achievement fell far short of wartime hopes. [4] The system of compensation for air raid damage forced many property owners to reconstruct their buildings exactly as they had been before. [5] Reasons of economy prevented the fulfilment of plans for new public buildings, or for new vistas of old buildings, and in the City of London St Paul's Cathedral became hemmed in by office buildings as closely as ever. [6] A few small successes — the new Coventry Cathedral, the replanning of the centre of Plymouth, London's Festival Hall — do not add up to a fulfilment of the promise that was offered by the opportunity. [7] The shortage of land and the increased interest in town planning has led to the establishment and planned development of a number of new towns, many of them as satellites of London. [8] But rigid economy, combined with certain errors of design, has prevented most of them from being very attractive.

II [1] Looking back on wartime cultural achievements, one is struck by the lack of original contributions to the arts. [2] If there was a temporary renaissance of literature, music and the drama, it was almost entirely confined to the performance and appreciation of existing work. [3] To take poetry as an example: in the Second World War there was no new composition of the quality of that of Rupert Brooke or Wilfred Owen in the First World War. [4] Whether

---

[1] The Fontana History of War and Society. Glasgow: Collins, 1970, S. 324–326.

the Spanish Civil War had exhausted British talent, or whether the accident of battle killed off the more promising poets — for instance, Keith Douglas and Alun Lewis — there was not much to show for six years of war, and we are left with the despairing question posed by Roy Fuller, himself a poet of quality, in September 1944: 'Has there ever . . . been a period which has produced so much bad verse as the last five or six years?' [2]

III [1] The explanation of it all may lie in the fact that, in spite of the shocks of 1940, the Second World War made much less of an impact on the British mind than the First World War had done. [2] In 1914 the country was not prepared mentally for the trials that it had to undergo — the appalling suffering of the trenches and a rate of casualties never previously experienced. [3] But in 1939 most people feared a repetition of the First World War, and so there was no psychological trauma resulting from the sacrifices that it eventually involved. [4] The average Briton might be impressed, at least for two or three years, by what he took to be the exceptional military prowess of the Soviet Union, and wonder what the reason for it was; but the war did not really weaken his adherence to his own distinctive national institutions and customs. [5] Parliament, the political parties, the Civil Service, local government, the press, the law, the trade unions — all emerged from the war with slightly different surface features, but basically unaltered. [6] There had not been much of that 'inspection effect' which is supposed to be one of the by-products of war; or, if there had been, it had found most institutions not unsatisfactory, and so served to reinforce the view which so many people in Britain still retained: that somehow or other, things in their own country were arranged much better than elsewhere in the world — even if, in limited directions only, there might be some room for improvement.

2   *Time and Tide,* 16 Sept., 1944.

Beschreibung der Textstelle

In Pellings Buch wird die Frage gestellt, welche Wirkung der Zweite Weltkrieg auf das Leben in Großbritannien gehabt habe. In seiner die Außen- und Innenpolitik, Sozial-, Wirtschafts- und Kulturgeschichte umfassenden und verbindenden Darstellung kommt der Verfasser gegen Schluß auch darauf zu sprechen, inwieweit die Zerstörungen des Krieges einem Neuaufbau Vorschub geleistet haben. Er sieht sich indessen genötigt, festzustellen, daß die Hoffnungen auf einen gründlichen Wiederaufbau und eine grundlegende Neuorganisation enttäuscht worden seien, wofür er neben wirtschaftlichen Gründen auch Fehlplanungen verantwortlich macht. Hinsichtlich der Kulturleistungen im Verlaufe des Zweiten Weltkrieges kommt der Autor beim Vergleich mit dem Ersten Weltkrieg zu einem negativen Ergebnis und erklärt den Mangel an originellen Hervorbringungen psychologisch aus dem verhältnismäßig geringen Eindruck, den das Phänomen des Krieges auf das allgemeine Bewußtsein der englischen Öffentlichkeit gemacht habe: nicht nur wäre der Durchschnitts-Engländer auf die Wiederholung der Erfahrungen des Ersten Weltkrieges vorbereitet gewesen, — er habe sich, statt nach Kriegsende Neues zu entwerfen, liebevoll auf die geschätzten Einrichtungen und Bräuche seines Landes zurückgewendet.

Bei der Lektüre des 12. Kapitels "Inside Britain after 1945" wurde die Aufmerksamkeit des Verfassers als Leser auf die vorliegende Textstelle gelenkt, an der ein merkwürdiger, anscheinend nicht zufälliger Wechsel menschlicher und dinglicher Satzsubjekte auffiel. Daß diese Erscheinung überhaupt auffiel, lag in einem vorgängigen Interesse des Lesers an diesem syntaktischen Problem begründet. Ihm nachzugehen, es näher zu untersuchen und womöglich zu erklären, war die natürliche Reaktion. Dabei richtet sich das Erkenntnisinteresse einmal auf das Syntagma selbst, sodann aber auch auf die Funktion, die es für die sprachliche Gestaltung des Textes und seine expressive Wirkung, also den *Stil,* haben konnte. Von der Einsicht in diese Leistung konnten möglicherweise wiederum Rückschlüsse auf die prinzipielle Leistungsfähigkeit des Syntagmas selbst gezogen werden. Das Problem stellte sich als die Frage dar, ob der Wechsel menschlicher und dinglicher (sächlicher) Subjekte eines Satzes unter bestimmten erkennbaren Bedingungen geschieht und ob von der Wahl des einen oder anderen Typs des Subjekts, genauer: des Okkupanten der Subjekt-Stelle im Satze, grundsätzlich bestimmte voraussehbare Wirkungen ausgehen.

Linguistische Vorbereitung ("Sonde")

In Karl-Dieter Büntings *Einführung in die Linguistik*[3] wird zwischen Kategorien als einteilenden Begriffen und Funktionen als relationalen Begriffen unterschieden.[4] Im Unterschied zu den Wortarten (Nomen, Verb, usw.) und den davon abgeleiteten Konstruktionen als Kategorien oder einteilenden Begriffen bezeichnen die Satzteile (Subjekt, Prädikat, usw.) die Funktionen solcher Elemente im Satz. Neben der syntaktischen, auf die bare Funktion im Satz bezogenen Definition der Begriffe Subjekt und Prädikat steht nun aber eine Interpretation, die in der Subjekt-Prädikat-Relation einen logisch-semantischen Sachverhalt ausgedrückt sieht, wie die herkömmliche Bedeutung von Subjekt („Satzgegenstand" oder „Thema" oder "Topic") und Prädikat („Satzaussage" oder „Rhema" oder "Comment")[5] zeigt.

Als relevant für die Text-Analyse bzw. -Interpretation wird sich sowohl die syntaktische wie die logisch-semantische Definition erweisen. Die letztere hat zwei Aspekte: in dem einen wird nach logischem Grundschema ein Argument gesetzt, über das Aussagen (Prädikationen) gemacht werden, in dem anderen wird nach einem semantischen Muster über Bekanntes (Thema, Topic) etwas Neues (Rhema, Comment) ausgesagt. Beide Auslegungen sind über Wortstellung und Wortarten mit der Syntax verknüpft.[6]

Einen anderen sprachphilosophischen Anknüpfungspunkt für die Verbindung zwischen der logisch-semantischen und der syntaktischen Definition der Satzfunktionen einerseits und den Wortarten andererseits sieht Bünting in der aristotelisch gegründeten Unterscheidung von Substanzen und Akzidenzien; nach dieser Konzeption werden „in der Sprache die Substanzen durch Substantive benannt, und in Sätzen wird die Subjektfunktion durch Wörter bzw. Syntagmen wahrgenommen, welche Substantive oder Stellvertreter von Substantiven sind (Nomina oder Nominalphrasen). Der Schluß, die Substantiv-Subjekte seien das Argument einer Aussage, liegt nahe."[7]

---

3 Frankfurt am Main: Athenäum, 1971.
4 Vgl. *ebd.*, S. 119.
5 *Ebd.*, S. 119f.
6 Vgl. *ebd.*, S. 120.
7 *Ebenda*, S. 120f. Es muß hinzugefügt werden, daß Bünting die Anwendbarkeit dieses Schemas für eine *syntaktische* Analyse aller Satzstrukturen in natürlichen Sprachen bezweifelt.

Durch die Verfestigung der englischen Worstellung hatte sich geschichtlich ergeben, daß das Vorstellungsschema Subjekt-Prädikat-Objekt gegenüber Formen der „Inversion", nämlich den aus freier Wortabfolge stammenden andersgearteten Wortstellungen im Satz, sich durchsetzte. Die Geschichte der englischen Syntax zeigt, daß die Satzteile Subjekt und Objekt im Satz oft nur durch ihre syntaktische Position zu identifizieren sind. (Beispiel: "The girl was offered a job".) Die durch den Verfall des Flexionssystems entstandene, weitgehende formale Unbestimmbarkeit der Kasus wurde durch die Fixierung der Wortstellung ausgeglichen, nach der der Platz *vor* dem Prädikat für das Subjekt, der *nach* dem Prädikat für das Objekt reserviert ist. Charles C. Fries[8] stellt das Resultat dieser Entwicklung so dar: "Certain positions in the English sentence have come to be felt as 'subject' territory, others as 'object' territory and the forms of the words in each territory are *pressed to adjust themselves to the character of that territory.*"[9] Stilistische Abweichungen von der Norm der festen Wortstellung über die grammatisch normale Inversion hinaus bedürfen um der Eindeutigkeit willen der Kennzeichnung der Funktionen durch andere als bloß syntaktische Mittel (z. B. intonale); die Regeln zur Erzeugung solcher stilistischer Umordnungen oder Deviationen von der Wortstellungsnorm folgen nach Chomskys[10] Überlegung den Transformations-Regeln der Sprachverwendung (rules of performance) eher als denen der Grammatik, „die ja viel tiefer in das grammatische System eingebettet sind".[11] Da, wie Chomsky feststellt, Sprachen mit reicher Flexion stilistische Umgruppierungen in viel höherem Maße erlauben als Sprachen mit spärlicher Flexion und da ferner „in jeder Sprache stilistische Inversion von 'Hauptkonstituenten' . . . zulässig ist bis zur Grenze der Doppeldeutigkeit"[12], ist zu erwarten, daß in der flexionsarmen englischen Sprache alle stilistischen Möglichkeiten gerade der Syntax ausgenutzt werden. Zu diesen Möglichkeiten gehört auch die signifikante Füllung der festen Subjekt- und Objektbereiche im Satz.

---

[8] *American English Grammar.* New York / London: Appleton-Century-Crofts, Inc., 1940.
[9] *Ebd.,* S. 90.
[10] Noam Chomsky, *Aspekte der Syntaxtheorie.* Frankfurt am Main: Suhrkamp, 1969 (Theorie 2).
[11] *Ebd.,* S. 163.
[12] *Ebd.*

Genaue Untersuchungen haben gezeigt, daß, wie Hockett feststellt, der Subjektbereich im Satz im allgemeinen für Argument, Thema oder Topic reserviert ist: "In English and the familiar languages of Europe, topics are usually also subjects, and comments are predicates..."[13]; er schränkt jedoch diese Feststellung sogleich wieder ein.[14] Max Deutschbein verallgemeinerte eine intuitive Beobachtung zu dem Urteil, daß das Englische „möglichst das Persönliche vom Dinglichen, das Belebte vom Unbelebten, das Mechanische vom Absichtlich-Gewollten"[15] scheide und (so lassen sich einige seiner intuitivistischen Bemerkungen deuten) als Subjekt die Person, das Belebte, dem Ding, der toten Sache, vorzöge, es sei denn, letzteres erschiene in der Passivkonstruktion, die dann jedoch auch dem „toten" Subjekt den Charakter eines reaktionsfähigen „lebenden" Wesen verleihe, oder in der Aktivkonstruktion, wo diese Belebung bis zur Animisierung bzw. Anthropomorphisierung führe.[16]

Obgleich solche Äußerungen nur aperçuhaften Charakter haben, sind sie als spekulatives Schlußglied der obigen Argumentationskette dennoch geeignet, eine Hypothese zu stützen, die besagen würde, daß der Subjektbereich (subject territory) im Englischen normalerweise von einem personalen, lebendigen, eigenständig und initiativ agierenden (oder reagierenden) Träger ausgefüllt wird und daß Abweichungen (Deviationen) von dieser Norm stilistisch signifikant sind.

Textkritische Aufbereitung („Folie")

Die kursorische Lektüre des eingangs beschriebenen Textteils enthält *prima facie* keine sprachlich-stilistischen Überraschungen. Sieht man jedoch genauer auf die sprachliche Gestaltung des Sachgehalts — Adornos „fait social" —, nämlich der Wirkungen des Krieges auf das öffentliche Bewußtsein (und das des Autors), so verstärkt sich bei wiederholtem Lesen der Eindruck, daß diese Kriegswirkungen nicht nur allgemein thematisiert sind, sondern auch im Wandel der syn-

---

13 Charles F. Hockett, *A Course in Modern Linguistics.* New York, 1958, S. 201.
14 Vgl. *ebd.*
15 Deutschbein, Mutschmann, Eicker, *Handbuch der englischen Grammatik.* Leipzig, 1931, S. 281.
16 Vgl. *ebd.* Verf. erinnert sich an häufige Bemerkungen Deutschbeins in diesem Sinne.

taktischen Fügungen, und zwar in der wechselnden Bezeichnung
dreier Faktoren, in stilistischer Form in Erscheinung treten: des
Autorenbewußtseins, des englischen öffentlichen Bewußtseins und
der diskutierten Einzelphänomene. Der erste Faktor ist das Bewußtsein des sich als anonymen Repräsentanten des allgemeinen englischen
Gegenwartsbewußtseins — und damit des Leserbewußtseins — gerierenden Autors. Der zweite Faktor ist das ,,historische" englische
öffentliche Nachkriegs-Bewußtsein, das den Typus des ,,Durchschnitts-
engländers", des "average Briton", repräsentiert. Der dritte Faktor
ist die Einzelerscheinung der Kriegswirkung, die mehr oder minder
stark auf jenes öffentliche Bewußtsein und indirekt auf das des Autors
bezogen ist und sich dabei zugleich mehr oder minder stark von jenem
Bezug auf das Bewußtsein loslöst und verselbständigt. Auch dieser
Prozeß der Abstraktion, der eine Erscheinung ,,substantiviert" und
damit verdinglicht, ist keineswegs ungewöhnlich. Jedoch läßt noch
genaueres Hinschauen einen eigentümlichen Wechsel von substantivierten Bewußtseins- und Seinsformen (nämlich Kriegswirkungser-
scheinungen) erkennen, der kaum zufällig sein kann, sondern sich als
motiviert zu erkennen geben muß.[17]

Stellt man das Problem in den Zusammenhang von Habermas' ,,Theorie
der kommunikativen Kompetenz"[18], nach der in einem ,,situierten"
Satz, d. h. einem Satz als pragmatischer Redeeinheit, der Sprechakt
aus einem ,,performativen", d. h. die Art der Kommunikation zwischen
Sprecher und Hörer herstellenden Satz, und einem ,,propositionalen",
d. h. den Sachgehalt feststellenden Satz, besteht, so ist in dem vorliegenden Text eine Folge von Propositionen, d. h. den Sachgehalt
betreffenden Äußerungen, in einen zweifachen Rahmen von Performanz,
d. h. von ausgedrücktem Kommunikationsmodus, eingelassen, nämlich
den des registrierenden Bewußtseins des Autors, und, in ihm, den des
von ihm dargestellten Bewußtseins der Öffentlichkeit.

---

[17] In diesen Faktoren, die insgesamt die rhetorische Ebene des Textes bilden,
wird das Stilisticum zu suchen sein. Zum vertieften Verständnis dieser rhetorischen Struktur ist es aber nötig, das Verhältnis des Bewußtseins des
Autors zu seinem Gegenstand kommunikationstheoretisch zu betrachten.
[18] In: J. Habermas/N. Luhmann, *a. a. O.*

Durchführung der Analyse

In Satz 1 von Absatz I des Textes ist die Performanz des Autors verbal nicht ausgedrückt; wäre sie es, so müßte es etwa heißen: "I have come to the conclusion that some people thought that the destruction ... usw.". Ausgedrückt, in Gestalt eines performativen Satzes, ist hingegen das Bewußtsein eines Teils der Öffentlichkeit, nämlich: "Some people thought that ...", und von diesem performativen Satz, der in den nichtverbalisierten des Autors eingebettet zu denken ist, ist der propositionale Satz: "the destruction of large parts of London ... would provide a wonderful opportunity ... usw." abhängig. Vom nichtverbalisierten performativen Satz, also etwa "I have come to the conclusion that ..." aus gesehen, bilden der performative Satz "Some people thought that ..." und der propositionale Satz "the destruction of large parts ... usw." zusammen die Proposition. (In jedem propositionalen Satz, der nicht ausdrücklich von einem performativen Satz abhängt, ist die Performanz als einfach feststellendes, apodiktisches Moment enthalten, inhärent.)

Aber schon in I,2 sind performativer und propositionaler Satz auf besondere Weise eins: die Performanz ist im passivischen Prädikat des propositionalen Satzes aufgegangen. Das sog. „persönliche Passiv" hat hier zur Folge, daß die Sache zum Subjekt gemacht wird, obwohl die Sache hier eine Abstraktion aus einer Gruppe von Menschen ist: "The Ministry ... was looked upon ...". Mit dem nichtverbalisierten performativen Satz ist jetzt auch der verbalisierte, einen Teil der Proposition bildende performative Satz reduziert, syntaktisch impliziert; nicht das öffentliche Bewußtsein ("people thought ..."), das ja diesen Sachverhalt, die Institution des Ministeriums, kritisch betrachtet, trägt jetzt den Akzent des Subjekts, bzw. des Subjektbereichs oder der Subjektrolle, sondern die Sache, die Institution. In dieser syntaktischen Gestalt hat das persönliche Passiv jetzt schon einen Gegenstand der öffentlichen Meinung "The Ministry" an die dominierende Satzstelle des Subjekts gerückt. Im weiteren Text ist nun eine deutlich hervortretende Verlagerung des Akzents und damit des Interesses vom Bewußtsein der Öffentlichkeit auf die es beschäftigenden Erscheinungen zu konstatieren. Kein Wunder: das öffentliche Bewußtsein, dem Leser bereits nahegebracht, ist ja vordringlich mit diesen Dingen beschäftigt; sie, die Dinge, beschäftigen es, sind die tätigen, wahren Subjekte in dieser vom Autor beschriebenen Lage: Man vergleiche im Absatz I die Subjektträger und die Prädikate:

(S = Subjekt, P = Prädikat):

I, 1 : S: Some people   P: thought
   2 : S: The Ministry   P: was looked upon
   3 : S: post-war achievement   P: fell short
   4 : S: the system   P: forced
   5 : S: reasons   P: prevented
   6 : S: ¡A few ... successes   P: do not add up to a fulfilment
   7 : S: The shortage... and the interest P: has led to
   8 : S: rigid economy   P: has prevented.

Es ist unwahrscheinlich — zumal es kein poetisch gestalteter Text ist —, daß hier in I, 1 der Autor mit besonderer stilistischer Intention auf die im (performativen) Hauptsatz ausgedrückte aktivische Beziehung des humanen Subjekts ("the people" = öffentliches Bewußtsein) zur Sache im abhängigen (propositionalen) Nebensatz im Hauptsatz von I, 2, in dem der performative Modus im propositionalen Inhalt aufgehoben ist, eine persönliche Passivkonstruktion folgen läßt, die deutlich machen soll, daß das öffentliche Bewußtsein nicht mehr die Rolle des aktiven Subjekts innehat, sondern zunächst durch einen seiner Bewußtseinsinhalte, "The Ministry", in angepaßter, passivischer Form, aber logischerweise der des reinen persönlichen Passivs, verdrängt ist ("was looked upon"), während dank dieses eigentümlichen Syntagmas die versachlichte, verdinglichte Institution ("The Ministry") der Stellung im Satze nach „regiert". Nach diesem vom lebendigen zum dinglichen Subjekt überleitenden Satze erscheinen in den folgenden Sätzen I, 3—8 durchweg Dinge oder Sachen in Form von substantivierten Abstrakta als aktive Subjekte. Sie zeigen mit syntaktischer Deutlichkeit an, daß von jetzt an in diesem Absatz das Bewußtsein der englischen Öffentlichkeit als die Kriegswirkungen erfahrendes und als „erleidendes", „passives", auf die Dinge (Institutionen und vergleichbare Abstraktionen) reagierendes Objekt gedacht ist, — daß die Dinge jetzt die agierenden, die wahren Subjekte sind.

Absatz II beginnt wieder mit einem performativen Satz (II, 1: "Looking back ... one is struck"), der die Proposition "lack of original contributions" zum Objekt hat. In II, 2 hat die Sache ("a temporary renaissance") bereits die Funktion und das Gewicht des agierenden Subjekts; doch ist sie durch die Konditionalfügung in ihrem assertorischen Modus relativiert.

II, 3 und II, 4 zeigen die performative Sonderform "there was", mit der die englische Syntax die Proposition im baren Modus des Daseins darstellt.

Absatz III beginnt wieder mit einem performativen Hauptsatz, der die relativ geringe Einwirkung des Zweiten Weltkrieges auf die englische Öffentlichkeit thematisiert und damit das öffentliche Bewußtsein zum Gegenstand des Interesses und folgerichtig zum Subjekt des Satzes und der folgenden macht:

III, 2 : S: the country   P: was not prepared
    3 : S: most people   P: feared
    4 : S: the average Briton   P: might be impressed

Der Grund dieser Füllung der Subjektrolle mit Gestalten des öffentlichen Bewußtseins ist vom Inhalt her einzusehen: es geht um die nähere Erklärung des allgemeinen Phänomens der erstaunlich geringen Wirkung des Krieges aufs englische Bewußtsein; die Erklärung zielt hier nicht auf eine nähere Begründung aus der Natur der Verhältnisse, sondern aus der Psyche der Menschen ab. (Die Sätze zeigen, daß Veränderungen der Verhältnisse keine sind, wenn sie nicht im Bewußtsein registriert werden und damit dieses selbst verändern!)

Satz III, 5 enthält Subjekt und Objekt, nämlich das öffentliche Bewußtsein und die von ihm registrierten Verhältnisse, in einem. Satz III, 6 leitet zu einer verkappt performativen Satzform zurück ("There had not been ... or, if there had been, it had ... served to reinforce the view"), auf den die Proposition folgt ("that ... things ... were arranged much better than elsewhere").

Ergebnis (Sonde + Folie)

Die linguistische [19] Vorbereitung diente der Erarbeitung einer „Sonde", mit der das zunächst intuitiv wahrgenommene Problem der Subjekt- und Objektrollen und ihrer inhaltlichen Füllungen oder Zuordnungen in den Sätzen des ausgewählten Textes gezielt untersucht und einer Lösung zugeführt werden sollte. Die literarkritische Aufbereitung diente der Erarbeitung einer „Folie" und konzentrierte sich bei dem vorliegenden

---

[19] „linguistisch" ist allgemein sprach(wissenschaft)lich zu verstehen.

expositorischen Text auf die wesentlichen Momente seiner rhetorisch-kommunikativen Struktur, zu deren Verdeutlichung die Theoreme der Habermas'schen Theorie der kommunikativen Kompetenz benutzt wurden.

Die Verbindung beider Ansätze (Sonde und Folie) kann nun zwar keine Gesetzmäßigkeit in der syntaktisch-semantischen Zuordnung von lebenden Wesen oder toten Dingen zu dem Subjekt- bzw. Objektsbereich im Satz beweisen. Die Beschränkung des Materials auf einen einzigen, sehr begrenzten Text läßt schlüssige Beweise solch exakter, szientistischer Art überhaupt nicht zu. Wohl aber läßt der exemplarische Fall erkennen, wie sich die Wirkung des Textes, nämlich die seiner informativen Aussage plus seiner stilistischen Prägung auf historisch gewordenen syntaktischen Verhältnissen gründet. Es zeigt sich, daß der Subjektplatz im Satze zunächst vom Menschen als Träger des öffentlichen Bewußtseins eingenommen wird, mit dem der Autor sich stillschweigend identifiziert. Je mehr sich das Interesse dann auf die Darstellung der Sache richtet, desto stärker beginnen die Dinge, — Institutionen, Verhältnisse, Phänomene — den Platz und die Rolle des Subjekts einzunehmen. Damit wird sprachlich-stilistisch deutlicher, als jeder Kommentar es sagen könnte, daß die Dinge alsbald als agierend oder regierend vor- und dargestellt werden, und zwar nicht in einem Text bewußt stilisierender, imaginativ literarischer Gestalt, sondern im normalen journalistisch-literarischen Expositionsstil. Ein Satz wie dieser: "The system of compensation for air raid damage forced many property owners to reconstruct their buildings exactly as they had been before" (I, 4) zeigt mit paradigmatischer Deutlichkeit, daß hier die Sache, ein System, „regiert". (Die Untersuchung der Verben als Prädikatsträger und ihrer Aktionsarten wäre ein notwendiger weiterer Schritt zu der Bewußtmachung der relevanten Sprach- und Stilmittel.) Der Satz zeigt aber auch durch seine apodiktische Form, die die subjektiv-performative Stellungnahme des Autors unterschlägt, daß das verdinglichte Subjekt ein humanes Objekt zum Korrelat hat, und daß Veränderungen (oder Nichtveränderungen) der Verhältnisse nicht sind, wenn sie nicht im Bewußtsein der unmittelbar oder mittelbar (Autor!) Betroffenen registriert werden und damit diese selbst verändern (oder nicht verändern).

2. Leistung der Anführungszeichen
   und Hervorhebungen im Text

(Dr. John Robinson, *Our Image of God must go*[20])

(Few people realise that we are in the middle of one of the most exciting theological ferments of the century. Some theologians have sensed this for years; but now, quite suddenly, new ideas about God and religion, many of them with disturbing revolutionary implications, are breaking surface.)

I Another way of putting this is to say that our whole mental image of God must undergo a revolution. This is nothing new in Christianity. The men of the Bible thought of God as "up there", seated upon a throne in a localised heaven above the earth, and it was this God to whom Jesus "ascended." But with the development of scientific knowledge, the image of the God "up there" made it harder rather than easier to believe. And so, very boldly, Christians discarded it. I say very boldly, for in order to do so they had to go against the literal language of the Bible.

II For it they substituted another mental image — of a God "out there", metaphysically if not literally. Somewhere beyond this universe was a Being, a centre of personal will and purpose, who created it and who sustains it, who loves it and who "visited" it in Jesus Christ. But I need not to go on, for this is "our" God. Theism means being convinced that this Being exists: atheism means denying that he does.

III But I suspect we have reached the point where this mental image of God is also more of a hindrance than a help. There are many who feel instinctively that the space-age has put paid to belief in God. The theologian may properly think them naive. But what they are rebelling against is the image of a Being out beyond the range of the farthest rocket and the probe of the largest telescope. They no longer find such an entity credible.

20
   Observer, March 17, 1963.

IV To the religious, the idea of a supreme Being out there may seem as necessary for their thinking as was once the idea of a Being up there. They can hardly even picture God without it. If there wasn't really someone "there", then the atheists would be right.

V But an image can become an idol; and I believe that Christians must go through the agonising process in this generation of detaching themselves from this idol. For the twentieth-century man the "old man in the sky" and the whole supernaturalistic scheme seems as fanciful as the man in the moon.

VI Sir Julian Huxley has spent much time in his deeply moving book, "Religion without Revelation", and in subsequent articles in this paper, dismantling this construction. He constantly echoes Bonhoeffer's sentiments, and I heartily agree with him when he says, "The sense of spiritual belief which comes from rejecting the idea of God as a superhuman being is enormous."

VII For the real question of belief is not the *existence* of God, as a person. For God *is* ultimate reality (that's what we mean by the word), and ultimate reality must exist. The only question is what ultimate reality is like. And the Christian affirmation is that reality ultimately, deep down, in the last analysis, is *personal*: the world, incredible as it may seem, is built in such a way that in the end personal values will out. . .

VIII The belief that personality is of ultimate significance is for me frankly incredible *unless* what we see in Jesus of Nazareth is a window through the surface of things into the very ground of our being. That is why, in traditional categories, the survival of Christianity turned upon the assertion that he was "of one substance with the Father." For unless the substance, the being, of things deep down is Love, of the quality disclosed in the life, death and resurrection of Jesus Christ, then we could have no confidence in affirming that reality at its very deepest level is personal. And that is what is meant by asserting that *God* is personal.

Textbeschreibung

Im März 1963 wurde das Buch *Honest to God* des Bischofs von Woolwich, Dr. John A. T. Robinson, veröffentlicht. In einem Begleitartikel im *Observer* vom 17. März 1963 stellte der junge anglikanische Geistliche seine These vor, die in England und über England hinaus großes Aufsehen erregte und zu lebhaften, teilweise heftigen Diskussionen führte. Die These Robinsons lautet abgekürzt: Das herkömmliche Bild Gottes als einer übernatürlichen Person „dort oben" oder „dort draußen" muß verschwinden, wenn das Christentum überleben soll. — Der Artikel und das Buch lösten eine Serie von Zuschriften seitens hoher Geistlicher, bekannter Theologen, Juristen und Historiker aus, die mit unterschiedlich starker Kritik auf die Herausforderung Robinsons reagierten.[21]

Ein Kernstück des Artikels soll hier stilistisch untersucht werden. Der Akzent soll auf der Leistung der Hervorhebung eines Wortes durch Anführungszeichen oder Kursivschrift liegen.

Sprachlich-typographische Vorbereitung ("Sonde")

Als sprachlich-typographische Vorbereitung möge folgende Definition genügen: „Anführungszeichen stehen vor und hinter einer wörtlichen Rede, und zwar sowohl bei einem kurzen Ausspruch als auch bei Anführung eines längeren Abschnittes, der als von einem anderen herrührend bezeichnet werden soll." (*Duden*, 13. Aufl.)[22] Hervorhebungen typographischer Art definieren sich formal durch ihre Bezeichnung, z. B. „kursiv", „gesperrt".

Textkritische Aufbereitung („Folie")

Zum Zwecke dieser Stilanalyse ist eine vorbereitende Einführung in den Text nötig. Eingangs des ausgewählten Textteils wird sachgehaltlich festgestellt, daß ein Gärungsprozeß des theologischen Denkens im Gange sei, in dem neue, umwälzende Ideen über Gott und Religion durchbrächen. Wenn das Christentum überleben solle, so müsse

---

[21] Vgl. z. B. C. S. Lewis im *Observer,* March 24, 1963.
[22] Wiesbaden: Steiner, 1953.

es für den modernen säkularen Menschen relevant (bedeutsam und wichtig) sein. Dies werde jedoch durch den supranaturalistischen (übernatürlichen) Rahmen unmöglich gemacht, in dem es bisher gepredigt worden sei.

In der Auseinandersetzung zwischen Christentum und Humanismus sympathisiert der Verfasser des Aufsatzes stark mit den Humanisten[23], weil er, wie er sagt, mit ihnen die Unfähigkeit teilt, den „religiösen Rahmen" anzuerkennen, in dem allein jener Glaube angeboten wird.

Robinsons Kritik an diesem „Rahmen", dem herkömmlichen Gottesbild, ist nun, wie er selbst betont, stark von den deutschen Theologen Bonhoeffer, Tillich und Bultmann bestimmt, vor allem von Bonhoeffer, dem im Konzentrationslager umgebrachten Theologen, der während der Jahre 1933 bis 35 als lutherischer Pfarrer der deutschen Gemeinde von Forest Hill in Süd-London tätig war. Mit Bonhoeffer, meint Robinson, sei der moderne Mensch „mündig geworden" ("come of age"). Er sei nicht besser geworden, aber er habe, ob gut oder schlecht, die überkommene religiöse Weltsicht als „kindisch und vorwissenschaftlich" ("childish and prescientific") abgelegt. Der Vaterkomplex sei dem Bewußtsein der Mündigkeit gewichen, ja, Gott selber lehre die Menschen, ohne ihn auszukommen. Dieser Gott, der nicht der „deus ex machina" sei, nicht ein Grenzwächter oder Torhüter, sondern die verborgene Macht im Zentrum des Lebens, sei den Menschen von Jesus Christus gezeigt worden.

Der Aufsatz stammt aus der Feder eines modernen, fortschrittlichen Theologen und Geistlichen in hohem, kirchlichem Amt eines Bischofs, der der jüngeren Generation angehört. Der Aufsatz ist wie das Buch, das er ankündigt, seinem Zweck nach polemisch und revolutionär. Der Zweck bestimmt sich als Versuch, einer Reformierung der religiösen Gottesvorstellung des zeitgenössischen, kaum noch christlich zu nennenden Menschen in England vorzuarbeiten. Der Aufsatz gehört damit in die Kategorie der theologischen Zweckliteratur, also der expositorischen Literatur unserer Definition. Es steht zu erwarten, daß der Zweck, die Revolutionierung oder Reform der Gottesvorstellung im Bereich des christlichen Glaubens zu fördern, sich stilistisch u. a. an der Wahl und Verwendung hervorgehobener einzelner Schlüssel-

---

[23] Die areligiöse Konnotation (Mitbedeutung) des Begriffs „Humanismus" ist durch T. S. Eliots Polemik im angelsächsischen Denkbereich gestärkt worden.

worte oder -sätze bemerkbar macht. Die Tatsache, daß Dr. Robinson das Amt eines Bischofs innehat, darf dabei nicht ohne weiteres auf einen bloß schein-revolutionären, nur taktisch-ikonoklastischen Charakter seiner Äußerungen schließen lassen, so wie die Bezeichnung "the atheist bishop"[24] nicht nur eine einseitig-polemische Bezeichnung Robinsons durch seine Gegner sein dürfte.

Durchführung der Analyse

Was zeigt, was „verrät" nun über die inhaltliche Paraphrase des Abschnitts hinaus die Anwendung der Sonde auf den Text als Folie? Ziel und Sinn einer stilistischen Analyse kann hier nicht unmittelbar eine kritische Auseinandersetzung mit dem religiösen, bzw. theologischen Gehalt der Schrift Robinsons sein, so wenig andererseits von diesem Gehalt abgesehen werden kann. Dieser Gehalt muß vielmehr — und dies gilt für alle ähnlichen stilistischen Analysen — sachlich so genau und richtig wie möglich begriffen werden, ohne daß er selbst in allen sachgehaltlichen Details das Zentrum der kritischen Aufmerksamkeit und einer glaubensmäßigen Bejahung oder Ablehnung — "assent" oder "refusal" — sein könnte. Zwar dient die stilistische Analyse einem vertieften Verständnis des Gegenstandes, jedoch gerade dadurch, daß der Stilanalytiker, statt sich dem Sachgehalt des Phänomens direkt zu stellen, dieses in der Vermittlung des stilistischen Epiphänomens studiert, um so die expressiv-effektive, die ausdrucks- und zweckhafte Kommunikationsweise auffangen und erklären zu können.

Der Stil der Textstelle, das charakteristische, einheitliche, ausdrucksmäßige Gepräge in der Ausrichtung auf einen bestimmten, vorgegebenen Sachgehalt und Zweck, ist das Ergebnis vieler konvergierender Einzelzüge intentional verwendeter sprachlicher Formen, Fügungen und Funktionen. Wir beschränken uns also hier auf einen einzigen Stilzug, auf die Heraushebung einzelner Worte und Wortfügungen durch Anführungszeichen oder Kursivdruck und begründen die Wahl eines so unscheinbaren Stilmittels damit, daß es uns vor anderen auffiel.

---

[24] Vgl. John A. T. Robinson, *The New Reformation?* SCM Paperback, S. 106.

Heraushebungen von Einzelworten oder Wortfügungen (in einem
Falle eines Satzes) durch Anführungszeichen sind: "up there",
"ascended", "out there", "visited", "our", "there", "old man in the
sky", "Religion without Revelation", "one of substance with the
Father" und der Satz "The sense of spiritual relief which comes from
rejecting the idea of God as a superhuman being is enormous".
Heraushebungen durch Kursivdruck sind: *existence, a* (person), *is,
personal unless, God*. Die Heraushebungen durch Anführungszeichen
kommen im ersten Teil (Absätze I – VI), die durch Kursivdruck im
zweiten Teil (Absätze VII – VIII) vor. Der Grund für diese letztere Erscheinung ist, daß dem ersten kritischen Teil ein zweiter didaktischer
Teil folgt.

Die Heraushebung durch Anführungszeichen betrifft nun zum Teil Ausdrücke, genauer: die in ihnen ausgedrückten Vorstellungen, die einer
naiven, mythisch-konkreten religiösen Denkweise entsprangen und
entsprachen, nämlich "up there", "ascended", "out there", "visited",
"our", "there", von denen "our" (d. h. God) fühlbar ironisch gemeint
ist. Eine etwas andere Funktion hat dasselbe Mittel der Anführungszeichen beim Zitieren eines Titels oder eines Satzes aus dem Denkbereich moderner naturwissenschaftlicher oder radikaltheologischer Vorstellungen bei ihrem Zusammentreffen mit überkommenen Glaubensvorstellungen. Wieder etwas anders ist "old man in the sky" verwendet:
dieser Ausdruck assoziiert durch seine Prägung eine legenden- oder
märchenhafte Vorstellung analog zu der vom "man in the moon", was,
mit Bezug auf die christliche Gottesvorstellung gesagt, abschätzig
und unehrerbietig klingt und auch wohl klingen soll, weil damit eine
angeblich falsche und verniedlichende Anschauung entlarvt wird.
Eine weitere Nuance ist das Zitat der dogmatischen Formel "of one
substance with the Father", die ebenfalls durch die Heraushebung
in eine kritische Isolierung und Distanz gerückt wird.

Es läßt sich bereits erkennen, daß es die einheitliche Leistung und
Funktion der Anführungszeichen ist, daß sie einen Begriff oder eine
Vorstellung im gewohnten Denk-Kontext zunächst isolieren, aus ihm
herausheben sollen, sei es um einen gewohnten, aber unpassend gewordenen Begriff in seinem sprachlichen Boden zu lockern, „auszuroden", zu entfernen, sei es, um einen passenderen, aber noch ungewohnten Begriff darin zu festigen, „einzupflanzen", einzuführen und
zu empfehlen. Die Mehrzahl der durch Anführungszeichen herausgehobenen Ausdrücke – Worte und Wortgefüge – sind gewohnt gewesene,

unpassend gewordene Begriffe; die Anführungszeichen dienen der Lockerung dieser festeingewurzelten Begriffe und der mit ihnen begriffenen Vorstellungen im Bewußtsein von Hörern und Lesern.
Eine andere Funktion haben die Heraushebungen durch Kursivdruck (= Unterstreichungen); sie dienen der Emphase des Gemeinten, gleich, ob es abgelehnt oder angenommen wird: die Heraushebung durch Kursivdruck ist, wie erkennbar wird, wertneutral.
Die bloße Beschreibung dieses stilistischen Einzelzuges, der Heraushebung eines Begriffes in Gestalt eines Wortes oder Wortgefüges, zeigt schon an, daß hier eine theologische Fundamentalkritik am Werk ist, die ihre Reform oder Revolutionierung überlieferter theologisch-religiöser Vorstellungen mit der kritischen Infragestellung einiger Grundbegriffe bzw. Grundvorstellungen beginnt, und zwar durch einen stilkritisch zu erfassenden Vorgang der sprachlichen Lockerung, Entwurzelung und „Rodung", als der sich die Heraushebung durch Anführungszeichen zu erkennen gab, während Kursivdruck oder Unterstreichung eher umgekehrt zur Emphase und damit zur Verfestigung bestehender Begriffe benutzt werden.
Aber der Text zeigt nicht nur die kritische Lockerung, Entwurzelung und Ausrodung, d. h. Ablösung obsolet gewordener Begriffe bzw. Vorstellungen; er operiert neben den zu eliminierenden Begriffen mit einer Fülle aktueller und modischer Begriffe und Ausdrücke. Solche modernen Begriffe und Ausdrücke, mit denen der Autor entweder unter Zustimmung eines für ihn wichtigen Hörerkreises operiert oder auf dessen Zustimmung er jedenfalls Wert legt, sind: "scientific knowledge", "centre of personal will and purpose", "space-age", "put paid to" (= abgeschlossen), "the range of the farthest rocket", "the probe of the largest telescope", "entity", "idol", "twentieth-century man", "supernaturalistic scheme", "dismantling this construction", "ultimate reality", "deep down", "in the last analysis", "personal values", "ultimate significance", "the very ground of our being", "reality at its very deepest level", usw.
Hier sind colloquiale und idiomatische Ausdrücke, allgemein-philosophische, existentialtheologische, tiefenpsychologische, neohumanistische und technologische Begriffe miteinander vereinigt, um ein kategoriales Gefüge zu bilden, das der Aufgabe, theologische Fundamentalkritik zu üben, verfügbar gemacht wird. Alle diese sprachlichen und stilistischen Formen sind vom Autor thematisch gemeint, gleichzeitig aber als operative Begriffe Indizien für die kommunikativen und ex-

pressiven Absichten des Verfassers und damit für seinen Stil als Ausdruck seiner Absicht, Gesinnung und Haltung ("stance").

Der Standpunkt, von dem aus der Hebel der Kritik angesetzt wird, läßt sich nun aus dem begrenzten Textausschnitt allein nicht ermitteln; insofern bedürfen die Feststellungen einer Korrektur im Lichte des Gesamttextes. Dieser dürfte als Makrostruktur allgemein sachgehaltlich die gleichen Einsichten vermitteln, die die Mikrostruktur der einzelnen Worte und Wortgefüge gestattet: Der Standpunkt, den der Gesamttext erkennen läßt, ist der eines modernen Menschen in einer säkularen, technologischen Welt, deren geistige Grundlagen durch die Naturwissenschaften und Technologie gelegt und durch einen neuen Humanismus, eine neue Philosophie und eine neue Theologie überformt sind. Es ist der Standpunkt eines wissenschaftlich aufgeklärten, durch Existenzialtheologie und Entmythologisierung hindurchgegangenen Theologen, der ,,den modernen Menschen" als mündig geworden bezeichnet.

Es ist daher verständlich, daß der Autor, der Theologe ist, sich gern eines modernen Idioms und Jargons, bzw. der fortschrittlichen psychologisch-theologischen und naturwissenschaftlich-technologischen Terminologie bedient. Das hat weitreichende Folgen, weil hierbei das herkömmliche Denken und seine sprachlich-stilistischen Formulierungen durch die neuen operativen Begriffe dieses Vokabulars aus dem eigenen Sprachfeld ausgemerzt werden, ohne daß diese wiederum ganz im Sinne ihres spezifischen Ursprungs-Kontexts verwendet werden könnten; denn ein gewisser Grad von Metaphorik haftet den ursprünglich rein szientifischen Begriffen, wie z. B. "dismantling a construction", im neuen, wesensfremden Kontext des religiösen Denkens nun doch an. Robinson folgt den Spuren des deutschen Theologen Bonhoeffer, dessen radikale Glaubenskritik durch sein Schicksal als Märtyrer Überzeugungskraft besitzt. Mit Bonhoeffer bezeichnet Robinson die vom modernen Menschen abzulegende religiöse Weltsicht mit reformerischer Radikalität als ,,kindlich", wenn nicht ,,kindisch" ("childish") und ,,vorwissenschaftlich" ("prescientific"). Mit dem Zeitalter der Rakete und der Raumfahrt ist für ihn das Zeitalter der Mündigkeit des Menschen angebrochen, der mit Hilfe der Tiefenpsychologie den eigenen Vaterkomplex entlarvt und überwindet und damit die — wiederum metaphorisch verstandene — Tiefendimension der inneren religiösen Erfahrung bildhaft neu zu deuten ermächtigt wird.

Ergebnis

Zusammenfassend kann der Stil dieses Abschnitts aus Robinsons Artikel als argumentativ, polemisch, provokativ, bilder-, bzw. metaphern- und mythenstürmerisch ("entmythologisierend") bezeichnet werden. Jedoch bedarf diese allgemeine Bestimmung einer genaueren, aufs Persönliche, Individuelle abzielenden Bestimmung. Der in seiner gedanklichen Struktur polemische, Althergebrachtes kritisch ausmerzende, Neues provozierend aufnehmende Stil gibt sich ikonoklastischer und atheistischer als der Verfasser es im Grunde meint. Denn die Wiedereinführung der zentralen Begriffe des „personalen" Gottes und der „Liebe" und die unangetastet gelassene Mittlerrolle Christi zeigen, daß der reformerische Eifer eines von der modernen wissenschaftlichen Welt faszinierten Geistes von didaktischem Pathos beflügelt ist. Das Bemühen des modernen Theologen, die dem naiven Glauben entgegengesetzten Gedanken einer modernen säkularen, verwissenschaftlichten, kritisch-skeptischen Welt in seine Argumentation einzubeziehen, gibt dem Stil einen Zug von angestrengter, Heterogenes mühsam zusammenjochender Aktualität. Der Wille allerdings zur tiefgreifenden Modernisierung des religiösen Glaubens und seiner Vorstellungen ist ablesbar an der radikalen Veränderung des theologischen Vokabulars, das mit naturwissenschaftlich-technischen Vokabeln und colloquialen Idiomen ebenso durchsetzt ist wie mit kategorialen Fremdkörpern aus anderen Denkbereichen. Diese kategorialen Fremdkörper scheinen für das Bewußtsein des Autors eine besondere Faszination zu besitzen, die sich nicht allein aus theologischem Wahrheitswillen erklärt, sondern aus der angestrengten theologischen Ambition, mit anderen modernen Wissenschaftsdisziplinen konkurrenzfähig zu sein. Zweifellos ist diese Ambition zugleich Ausdruck einer echten intellektuellen Beunruhigung über den Zustand und die Zukunft des christlichen Glaubens in der heutigen Welt und ganz besonders in einer modernen Großstadt wie London.

Gegenüber Bonhoeffers überzeugendem Ernst trägt der Stil der reformerisch-reformatorischen Bemühungen Robinsons damit nun allerdings einen Zug modischer Aktualität und Radikalität, der ein Moment des Kalkulierten (bis in die effektvoll allitierierenden Wortpaare hinein) und der Prätention des ikonoklastischen Schocks hat, der oberflächenhafter Art ist, da nach der schockierenden Zertrümmerung traditioneller, in Wahrheit mit solcher Naivität von keinem vernünftigen Menschen mehr geglaubter Vorstellungen und Bilder Gottes die Polemik des Autors, die an Grundfesten des christlichen Glaubens selbst zu rütteln schien, zur Vorstellung der Personalität göttlicher Liebe in dem durch Christus vermittelten Seinsgrunde zurückkehrt, so daß die „neue" Vorstellung sich der „alten", in Frage gestellten wieder stark annähert. Denn am Schluß der angezogenen Textstelle wird der fundamentale Begriff der Personalität wieder eingeführt, und zwar sprachlich-stilistisch durch eine Gerundialkonstruktion, die eine traditionelle Formulierung nach langem polemischen Umweg bestätigt: "And that is what is meant by asserting that God is personal".

Der Stil des Textes von Bischof Robinson ist der Stil eines betont modernen, sich ikonoklastisch (bilderstürmerisch) gerierenden, technologisch faszinierten Theologen: dieser Stil wandelt den Jargon der Technologie, der Tiefenpsychologie und der Entmythologisierung auf eine vordergründige, überzogen soziologische, effektvolle Weise ab, kann jedoch dabei seine unablösliche Verwurzelung in traditionellen religiösen Kategorien nicht verleugnen.

3. Leistung der Doppelung (Dyas)

(Harold Wilson, *The New Britain*.
A Speech made at the Town Hall, Birmingham, on Sunday,
19 January 1964.[25])

I (1) I want to speak to you today about a new Britain and how we intend to bring home to our people the excitement there will be in building it.

II (1) For 1964 is the year in which we can take our destiny into our own hands again.

III (1) Since the war, the world has been rushing forward at an unprecedented, an exhilarating speed. (2) In two decades, the scientists have made more progress than in the past two thousand years. (3) They have made it possible for man to reach out to the stars, and to bring abundance from the earth. (4) They have made it possible to end the dark ages of poverty and want, to take mankind forward to a future which our fathers could not have dreamed possible. (5) Yet Britain lags behind, lacking the will or the plan which can bring this future within the reach of all.

IV (1) The reason is not far to seek. (2) We are living in the jet-age but we are governed by an Edwardian establishment mentality. (3) Over the British people lies the chill frost of Tory leadership. (4) They freeze initiative and petrify imagination. (5) They cling to privilege and power for the few, shutting the gates on the many. (6) Tory society is a *closed* society, in which birth and wealth have priority, in which the master-and-servant, landlord-and-tenant mentality is predominant. (7) The Tories have proved that they are incapable of mobilizing Britain to take full advantage of the scientific breakthrough. (8) Their approach and methods are fifty years out of date.

---

[25] *The New Britain: Labour's Plan Outlined* by Harold Wilson. Selected Speeches 1964. Penguin Books, 1964, S. 9ff.

V (1) Labour wants to mobilize the entire nation in the nation's business. (2) It wants to create government of the whole people by the whole people. (3) Labour will replace the closed, exclusive society by an open society in which all have an opportunity to work and serve, in which brains will take precedence over blue-blood, and craftmanship will be more important than caste. (4) Labour wants to streamline our institutions, modernize methods of government, bring the entire nation into a working partnership with the state.

VI (1) Only by this national mobilization of all our resources of energy, manpower, brains, imagination, and skill can Britain get the effort which is needed to take us through a new age of fulfilment. (2) Let us not talk, as the Prime Minister did at the Mansion House, of a pussy-footing one per cent more: it is a 100 per cent we want. And we can get it.

VII (1) This is the time for a breakthrough to an exciting and wonderful period in our history, in which all can and must take part. (2) Our young men and women, especially, have in their hands the power to change the World. (3) We want the youth of Britain to storm the new frontiers of knowledge, to bring back to Britain that surging adventurous self-confidence and sturdy self-respect which the Tories have almost submerged by their apathy and cynicism.

VIII (1) The great weakness of the Conservatives is their failure to try to represent the nation. (2) We do not believe that a small minority of the British people, distinguished by their family connexions, or educational background, have a unique right to positions of influence and power. (3) We believe that Britain's future depends on the thrusting ability and even iconoclasm of millions of products of our grammar schools, comprehensive schools, technical schools and colleges, secondary moderns, and the rest, who are today held down not only within the Government Party but over a wide sector of industry.

IX (1) This is what 1964 can mean. (2) A chance for change. (3) More, a time for resurgence. (4) A chance to sweep away the grouse-moor conception of Tory leadership and refit Britain with a new image, a new confidence. (5) A chance to change the face and future of Britain.

X (1) What is it that we want to change? (2) It is not the enduring values which have made Britain great, it is not the qualities of independence and personal freedom, the democratic right of dissent, the right to argue. (3) What we want to change is the clammy unimaginativeness at the top, which has prevented our people exercising these qualities and energies in full measure.

XI (1) The fault lies not in our people, but in the form and pattern in which our national system of government has come to be ordered . . .

Textbeschreibung

"Speeches are made to be heard, and as a rule do not read well. These will no doubt prove no exception to that rule." Dies schrieb der Führer der Labour Opposition, Harold Wilson, über seine Reden aus dem Jahre 1964, in dem seine Partei wieder die Regierung übernahm. Ganz unabhängig aber davon, ob sich Reden gut lesen lassen oder nicht, läuft die stilistische Analyse eines Teils einer politischen Rede als eines literarischen Textes wegen der begrenzten Gültigkeit der möglichen Aussage Gefahr, sich schlecht lesen zu lassen, weil nämlich weder der Gesamtplan und -zweck der Rede noch ihre akustisch-gestische Seite zu Geltung kommt. Wird dennoch der Versuch unternommen, ein Stück solch fixierter Rhetorik zu analysieren, so muß die Beschränkung auf den gewählten Redeteil durch die gerade aus diesem Textstück erwachsenden Erkenntnisse gerechtfertigt sein und solche sprachlich-stilistischen Züge zur Geltung bringen, die sich auch in einem Fragment als erkenntnisfördernd nachweisen lassen können.

Das ausgewählte Stück ist der Anfang einer bedeutenden programmatischen Rede, in der Wilson in wohlüberlegter und gedrängter Form die Ziele der Labourregierung noch vor der Regierungsübernahme darlegte. Obwohl im allgemeinen bei programmatischen Reden die Mitwirkung eines "ghost-writer" angenommen werden muß, dürfte die im Auszug vorgelegte Rede Wilsons eigene Hervorbringung sein; denn Wilson hat ausdrücklich betont, daß er seine Reden selber schreibe: "The thing I learnt from him [26] was that a great man does his own work. His own essential work at any rate ... You've got to do the essential work yourself, such as preparing your own speeches. I couldn't stand script-writers!" [27]

Wilsons Rede liest sich im übrigen, trotz seiner gegenteiligen Versicherung, gut, denn sie führt mit ihrer wohlformulierten polemischen Darlegung der Labour-Ziele für den mit Sicherheit erwarteten Fall des Regierungsantritts einige für politische Rhetorik grundlegende Kunstmittel eindrucksvoller Überredung vor, die immer schon den Anspruch auf allgemein literarische, zweckästhetische Wertung erheben konnten.

[26] nämlich Lord Beveridge, dessen Sekretär Wilson war. H. V.
[27] zit. bei Michael Foot, *Harold Wilson. A Pictorial Biography*. Oxford/London/Edinburgh/New York/Frankfurt, 1964, S. 13f.

Für eine solche Wertung ist der vorgegebene, aus der politischen Situation erwachsende Zweck der Rede wichtig. Wenn der Zweck politischer Reden allgemein die Durchsetzung der Absicht des Redners bei seinen Zuhörern, nämlich ihre Überredung zur Veränderung der herrschenden Verhältnisse im Sinne des Redners ist [28], so ist es hier der Zweck im besonderen, die Ziele der Labour-Regierung zu rühmen, dagegen die Leistungen der noch regierenden Konservativen entsprechend zu tadeln und herabzusetzen, mit anderen Worten: die Maßnahmen zur Abänderung angeblich unhaltbar gewordener Zustände vorzutragen, die von der gegnerischen (Tory-) Partei weder erkannt noch behoben wurden. Diese verurteilende Darstellung der zu behebenden Mißstände, Fehler und Verschuldungen des Gegners und der rühmende Entwurf der eigenen besseren Pläne und verbessernden Maßnahmen führt dann zur Vorstellung vom erstrebten zukünftigen Zustande Großbritanniens und, über die kritische Analyse der Gründe der gegnerischen Unfähigkeit für die Lösung dringlicher Probleme, zur grundsätzlichen Ausführung über die Prinzipien bei der Lösung der einzelnen praktischen Fragen. Diese Fragen sind politischer, sozialer, wirtschaftlicher und wissenschaftspolitischer Natur, wobei als Probleme erster Ordnung die Verbindung traditioneller Werte mit neuen Ideen, die Heranbildung von Naturwissenschaftlern und Technologen sowie die praktische industrielle Anwendung und Ausnutzung wissenschaftlicher Erkenntnisse genannt werden.

Linguistisch-rhetorische Vorbereitung („Sonde")

Der Gegenstand, hier eine politische Rede, verlangt für seine stilistische Analyse eine linguistisch-rhetorische Vorbereitung. Die Vorbereitung der Analyse soll durch eine „Sonde" geschehen, die einem auffälligen Strukturzug des ausgewählten Teils der Rede Harold Wilsons gerecht zu werden verspricht, nämlich der Zweigliedrigkeit auf den Ebenen des Lautes, Wortes und Satzes. Die Sonde muß deshalb eine linguistisch wie rhetorisch gegründete sein und die Zweigliedrigkeit in beiden Hinsichten problematisieren.

---

[28] Vgl. hierzu Hans Dieter Zimmermann, *Die politische Rede.* Der Sprachgebrauch Bonner Politiker. Stuttgart/Berlin/Köln/Mainz, 1969, S. 19.
Vgl. auch Hellmut Geißner, *Rede in der Öffentlichkeit.* Eine Einführung in die Rhetorik. Stuttgart/Berlin/Köln/Mainz, 1969.

Die Zweigliedrigkeit ist eine elementare Erscheinung des logischen Denkens. In der Logik als der Lehre von den formalen Beziehungen der Denkinhalte ist eine solche der Gegensatz. Wie die anderen logischen Beziehungen (Identität, Disjunktion, Grund-Folge usw.) kann auch der Gegensatz zwischen Begriffen, in Aussagen und zwischen ihnen, sowie im Schluß bestehen. Als logischer Grundbegriff ist der Gegensatz oder die Opposition auch eine Grundkategorie der Sprache und ihrer Verwirklichung in der Rede, und zwar sowohl der Rede schlechthin, als Diskurs, wie der Rede in spezifisch rhetorischer Gestalt. Zunächst soll die Bedeutung der Zweigliedrigkeit, besonders in der Gestalt des Gegensatzes oder der Opposition, für die Linguistik und Textlinguistik umrissen werden.

In der modernen Linguistik ist der Begriff der Opposition für den strukturellen Ansatz konstitutiv. Allerdings ist er von der Prager Schule der Linguistik (Jakobson, Trubetzkoy) für die Unterscheidung von Sprachlauten im Hinblick auf ihre distinktive, d. h. bedeutungsdifferenzierende Schallfunktion zunächst monopolisiert worden. Aber auch in der Syntax und Semantik ist der Begriff der Opposition zwangsläufig grundlegend für die Strukturanalyse.

Für die Textlinguistik [29] ist die Opposition an den Verlaufscharakter der im Text fixierten Rede gebunden und von besonderem Belang, weil mit Hilfe des Begriffs der in den Zeitablauf eingebetteten Opposition die Diachronie des Textes klarer erkannt und formalisiert werden kann. Dies geschieht, indem Textteile, Textabschnitte oder Sequenzen abgeteilt werden, in denen dann der Verlauf als durch die Dynamisierung der kontrastiven Elemente bewirkt erkannt werden kann. Die klassifizierende Unterscheidung solcher Arten der Opposition, wie sie Wolf-Dieter Stempel für narrative Texte erarbeitet hat, kann allgemein für die Analyse von Texten gelten, deren Inhalt diskursiv ist, also auch für die politische Rede. Stempel unterscheidet bei der Aufzählung von Arten der Bezugsetzung: 1) exklusive Oppositionen, 2) Serien (Parallelisierung gleichgearteter Vorgänge) und 3) Inklusivverhältnisse. [30] Für eine stilistische Textanalyse, d. h. für

---

[29] Vgl. W.-D. Stempel, „Möglichkeiten einer Darstellung der Diachronie in narrativen Texten", in: *Beiträge zur Textlinguistik* (hrsg. W.-D. Stempel). München, 1971.

[30] Vgl. *ebd*, S. 64f.

eine Beschreibung, Zergliederung und Beurteilung der charakteristisch-einheitlichen Verfahrensweise, ihrer dominanten expressiven Züge und ihrer Wirkung, ist der linguistische Begriff der Opposition als besondere kontrastive Figur der Zweigliedrigkeit wichtig.

Da der vorliegende Text eine programmatische politische Rede ist, stellt sich die Frage, wie das Phänomen der Zweigliedrigkeit sich unter dem Gesichtspunkt der Rhetorik ausnimmt und welche zusätzliche interpretative Leistung von einer rhetorischen Sonde erwartet werden darf.

In der klassischen Rhetorik ist „die Aufteilung eines Ganzen (also der Gesamtrede sowie jedes selbst ganzheitlichen Einzelteils, *res* wie *verba*)"[31], die Grundfunktion der dispositio, also des gedanklichen Ordnens. Die Aufteilung kann nach Lausberg zwei Motive haben: Spannkraft zu erzeugen oder Vollständigkeit zu bieten. Die Erzeugung der Spannkraft geschieht durch Aufteilung des Ganzen in zwei, untereinander antithetische Glieder bei Auslassung eines mittleren, für die Vollständigkeit konstitutiven Gliedes. Die die Spannkraft des Ganzen betonende Zweigliedrigkeit tritt in zwei Füllungsgraden auf: ihre semantisch stärkste Realisierung ist die Antithese (Opposition), die semantisch ärmste ist die Wiederholung.[32] In der elocutio beruht auf dem semantischen Gegensatz das *antitheton*. „Das *antitheton* ist die Gegenüberstellung zweier inhaltlich gegensätzlicher *res*. Die gegensätzlichen *res* können sprachlich ausgedrückt sein durch Einzelwörter, Wortgruppen oder Sätze".[33] Lausberg weist darauf hin, daß in allen Varianten des Antitheton die Tendenz der Gleichheit der Glieder zu beobachten sei; die äußere Gleichheit sei dabei selbst ein Kontrast gegenüber der Gegensätzlichkeit des gedanklichen Inhalts.[34] Der Wiederholung als ärmster Form der Zweigliedrigkeit in der dispositio entspricht in der elocutio die Aufzählung. Die Lockerung der Gleichheit der aufgezählten Wortkörper geschieht in der *synonymia*, im *synonymon*. Die Zweigliedrigkeit besteht hier darin, daß bei der Wiederholung statt des gleichen Wortes ein anderes benutzt wird. Sind zwei Glieder verschieden, ohne daß ihr Gegensatz hervorgehoben wird, so liegt Aufzählung vor: *enumeratio*.[35]

---

[31] Heinrich Lausberg, *Handbuch der literarischen Rhetorik*, 2 Bde. München, 1960, Bd. I, S. 241 (§ 443).
[32] Vgl. *ebd.*
[33] *Ebd.*, I, S. 389 (§ 787).
[34] Vgl. *ebd.*, I, S. 390.
[35] Vgl. *ebd.*, I. S. 337 (§ 669).

Unter dem Gesichtspunkt der formalen rhetorischen Zweigliedrigkeit, sei es einzelner Worte, Sätze oder Satzgefüge, lassen sich also subsumieren unter dispositio: die zweigliedrigen Erscheinungen auf der Skala von Wiederholung bis Antithese, unter elocutio: die zweigliedrigen Erscheinungen auf der Skala von *synonymon* bis zum *antitheton*. Mit dieser zweifachen Sonde der linguistischen und rhetorischen Zweigliedrigkeit soll nun die Textstelle angegangen werden, die dazu zunächst der literarkritischen, d. h. allgemein interpretativen Aufbereitung bedarf.

Interpretative Aufbereitung (Folie)

Der vorliegende Textausschnitt enthält die allgemeine Einleitung der Rede, bis kurz vor dem Teil, in dem in acht Punkten die herrschenden Mißstände und in sieben Punkten die erstrebten Zustände aufgeführt werden. Das Textfragment besteht aus elf Abschnitten. Absatz I enthält die knappe Darlegung des Zwecks der Rede, die ganz auf den Ton erregten und erregenden Pioniergeistes abgestellt ist. Absatz II setzt in lapidarer Weise das Jahr des erhofften Regierungsantritts als schicksalhaft bestimmt fest. Absatz III schildert die rasend schnelle Entwicklung der Welt, die als Fortschritt verstanden wird, um am Schluß in knapper Antithese dazu das Zurückbleiben Englands hinter der allgemeinen Entwicklung zu tadeln. Absatz IV erörtert die Gründe für die Mißstände, die in der Rückständigkeit der Mentalität und Methoden der Konservativen gefunden werden. Im Absatz V wird im Gegensatz dazu das Konzept der Labour-Partei in seinen Hauptzügen dargelegt. Absatz VI rückt die eigene große Planung in Gegensatz zu den kleinlichen Maßnahmen der Tories. Absatz VII appelliert im Tone mitreißender Begeisterung an die Jugend, den Durchbruch zur neuen Ära zu vollziehen, die gleichzeitig die alten Tugenden Englands wieder zur Geltung bringen soll. Absatz VIII setzt dem Versagen der Tories, dessen Grund in der Monopolisierung der Macht durch eine reaktionäre Minorität gesehen wird, die revolutionäre Kraft der Majorität des Volkes entgegen, die als Produkt der Schulen neuen Typs zur Zeit noch unterdrückt wird. Absatz IX faßt in wirkungsvollen Formulierungen die Bedeutung des Wahljahres für England zusammen. Absatz X nennt als das konstruktive Ziel der geplanten Veränderungen die Durchsetzung des geistig-schöpferischen Prinzips und die Bewahrung bewährter Werte, und Absatz XI schließlich sucht die Schuld an den Mißständen nicht beim Volk, sondern bei der derzeitigen Regierung.

Ein durchgängiges, strukturierendes und stilisierendes Prinzip des ganzen Abschnitts ist der polemisch ausgespielte Gegensatz Tory — Labour, der als der Gegensatz zwischen der düsteren Vergangenheit und einer strahlenden Zukunft, damit aber auch zwischen dem (immer noch) feudal-kapitalistischen, prätechnologischen und dem demokratisch-sozialistischen, technologischen Zeitalter hochgespielt wird.

Es ist bereits klar erkennbar, wie dieser politische und parteipolitische Gegensatz, die Bipolarität von Labour-These und Tory-Antithese, in der auffälligen Häufigkeit sprachlicher Doppelfügungen nicht nur gehaltlich ausgesagt, thematisiert, sondern auch logisch-syntaktisch und rhetorisch-stilistisch ausgedrückt, funktionalisiert wird. Es läßt sich eine ganze Skala solcher Doppelungen, solcher Figuren der Zweigliedrigkeit von der unmittelbaren thematischen Bedingtheit über Phonologie, Morphologie und Semantik bis zur Metaphorik aufstellen, die selbst dort in Erscheinung treten, wo die polemische Antithetik nicht im Spiel ist, sondern wo allein der eigenen Sache durch klare Charakterisierung und bildhafte Expressivität das Wort geredet wird.

Es wird nun die Hypothese aufgestellt, daß die im Text unübersehbar häufigen und daher für ihn charakteristischen Figuren der Zweigliedrigkeit, und zwar sowohl in verdoppelnder wie gegensätzlicher (kontrastiver) Gestalt, Oberflächenerscheinung eines einheitlichen Ausdrucksprinzip in der Tiefenschicht rhetorischer Kompetenz sind. Dies setzt den Begriff der „rhetorischen Kompetenz" als einer Variante der die linguistische Kompetenz einschließenden „kommunikativen Kompetenz" (Habermas) voraus. [36]

Die Zweigliedrigkeit auf den verschiedenen Ebenen des Lautes (Alliterationen!), des Wortes, der Wortfügung, des Satzelements (phrase), des Satzes und übersatzmäßiger Einheiten ist so durchgängig und auffällig, daß sie auch schon ohne nähere Erklärung, als ein dominanter Stilzug angesprochen werden kann, dessen Motivation aufzusuchen jetzt zur vordringlichen Aufgabe wird. Dazu ist eine ins einzelne gehende Bestandsaufnahme nötig. (Bei der folgenden Textzergliederung werden die Absätze durch römische, die Sätze innerhalb eines Absatzes sowie die jeweiligen Oppositionen in ihnen durch arabische Ziffern gekennzeichnet.)

---

[36] Vgl. dazu S. 39.

Durchführung der Analyse

I, 1 : Der performative Hauptsatz hat ein propositionales Objekt, das die Zweigliedrigkeit aufweist:
I want to speak to you ... about 1) a new Britain, 2) how we intend to bring home ... the excitement ... in building it. In der Tiefenstruktur rhetorischer Kompetenz müssen beide Teile des Objekts, das nominale Objekt "a new Britain" (das „Was") und das Objekt als indirekter Fragesatz (das „Wie") zunächst als einheitliche Vorstellung mit der Tendenz zur Spaltung nach Maßgabe der Unterscheidung der Sache und ihrer gewünschten Erscheinungsweise vorgestellt werden. Umgekehrt, muß psychologisch geschlossen werden, daß die Motivation für die Zweigliedrigkeit im Bedürfnis des Redners liegt, dieselbe Sache als Objekt der performativen Prädikation in zweifacher Weise, einmal als das Ziel, zum andern als Modus der Erreichung dieses Ziels deutlich und attraktiv zu machen.

III, 1 : Hier betrifft die Zweigliedrigkeit die adverbiale Bestimmung, die geteilt ist in: 1) (at) an unprecedented, 2) an exhilarating (speed). Das mutmaßliche Motiv ist das Bedürfnis, näher und wirkungsvoller zu qualifizieren; affektneutrale und affektive Bestimmung spalten sich aus der Vorstellung der besonderen Schnelligkeit der Entwicklung der Welt ab. Möglich ist, daß die differenzierende Qualifikation ein affektiver Impuls ist, der sich des bereitliegenden Denkschemas der Zweigliedrigkeit spontan, nämlich mechanisch bedient. Die Struktur des Satzes zeigt die Transformation von synchroner zu diachroner Opposition, bzw. umgekehrt.

III, 2 : Es ist geradezu lächerlich, wie das eben erkannte Prinzip der Zweiteilung jetzt in der Ziffer „2" gleich zweimal erscheint: "two decades", "two thousand years". So verführerisch eine Einbeziehung in das Argument wäre, soll ihm hier doch widerstanden werden.

III, 3,4,5 zeigen je einen Fall von Zweiteilung:
    3 : 1) to reach out to the stars, 2) to bring abundance from the earth (syntaktischer und semantischer Parallelismus),
    4 : 1) to end the dark days a) of poverty, b) and want, 2) to take mankind forward (synt. und semant. Parallelismus; beim ersten Glied wiederum synt. und semant. Parallelismus.)

5: 1) the will, 2) the plan (synt. und semant. Parallelismus).

IV, 2: Hier liegt die Zweigliedrigkeit im Prädikat und hat formal adversativen Charakter:
1) we are living in the jet-age *but*, 2) we are governed by an Edwardian establishment mentality.

Semantische Opposition bei syntaktischem, allerdings adversativ signalisiertem Parallelismus. Die semantische Opposition ist klar durch den politischen Antagonismus motiviert, der wiederum in der Opposition der abverbialen Bestimmung impliziert ist. Dieser parteipolitische Antagonismus, das „Wir – sie"-Schema, muß bereits in der Tiefenschicht linguistisch-kommunikativ-rhetorischer Kompetenz vorhanden sein.

Im folgenden wird die Beschreibung abgekürzt.

IV, 4: Zw (Zweigliedrigkeit) der Prädikate und der Objekte:

IV, 5: 1) freeze initiative, 2) petrify imagination;
Zw formal asymmetrisch (finite Verbalform und angeschlossenes Partizip) und formal symmetrisch (präpos. Objekte): They 1) cling to a) *p*rivilege and b) *p*ower for the few, 2) shutting the gates on the many. (Alliteration!)

IV, 6: Doppelte Zw im Relativsatz, Alliteration der Prädikatsnomina:
1) in which a) birth b) wealth have *p*riority, 2) in which a) master-and-servant (mentality) b) landlord-and-tenant mentality is *p*redominant.

IV, 8: Zw des Subjekts:
1) approach, 2) methods.

V, 2: Zw des präpos. Objekts, mit Epipher: 1) of the whole people, 2) by the whole people.

V, 3: Komplexe Zw: Zw des Objekts, Alliteration, Epipher:
1) the a) *c*losed b) ex*c*lusive *society*, 2) an open *society*,
   1') in which . . . a) to work, b) serve
   2') in which a) *b*rains . . . b) *b*lue *b*lood a) *c*raftsmanship . . . b) *c*aste

(Musterfall von durchgeführter Zw mit Nutzung von expressiven Mitteln der Verdoppelung zum Zwecke der Betonung des Gegensatzes.)

Während VI kein Beispiel bietet, ist das Prinzip der Zw in jedem

Satz der nun folgenden Absätze VII bis XI zu finden.
Der Typus der Zw als Konjunktion dominiert gegenüber
dem Typus der Opposition in zahlreichen Fällen:

VII, 1: 1) exciting and 2) wonderful period ...
1) can and 2) must take part
   2: 1) men and 2) women
   3: 1) to storm ... 2) to bring back ...
1) *sur*ging adventurous *s*elf-confidence ... 2) *s*turdy *s*elf-respect
1) apathy ... 2) cynicism
(Am Schluß dominiert die Opposition!)

VIII, 2: by their 1) family connexions or 2) educational background
positions of 1) influence and 2) power
    3: The 1) thrusting ability and 2) iconoclasm
1) not only within the Government Party 2) but over a wide sector of industry.

IX, 2−5 (Elliptische Sätze (Prädikatsobjekte zu 1))
  2+3: 1) a chance for change
2) a time for resurgence
  4+5: 1) a chance a) to sweep away the grouse-moor conception ...
and b) refit Britain with
    a) a new image
    b) a new confidence
2) a chance to change the
    a) face and
    b) future
("chance" kommt dreimal vor, aber beim ersten Vorkommen
korrespondiert es mit "time", verbunden durch die Präposition
"for", das zweite und dritte Vorkommen ist durch den Infinitiv mit "to" als korrespondierend aufzufassen. Diese beiden Klammern, Präposition "for" und "to" mit Infinitiv,
sind aufschlußreich für den Systemzwang des Redners, die
Zweigliedrigkeit zu verwenden. In der Mitte des Absatzes
dominiert die Opposition!)

X, 2: 1) It is not the enduring value, 2) it is not the qualities of
    a) independence and personal freedom
    b) the democratic right of dissent
    c) the right to argue

(Hier liegt zwar formale Dreigliedrigkeit vor, aber die Verdoppelung des Wortes "right" suggeriert auch hier noch Zweigliedrigkeit, nämlich durch erläuternde Apposition)

3: 1) qualities and 2) energies
(Die semantische Opposition von "clammy unimaginativeness" und "qualities and energies" bleibt an kontrastiver Klarheit hinter den anderen Oppositionen zurück.)

XI, 1: 1) not in our people, 2) but in the a) form . . . b) pattern.

Ergebnis

(Schlußfolgerungen aus der Bestandsaufnahme und Anwendung der Sonde auf die Folie)

Der Text, der den Anfang der Rede darstellt, weist eine auffällig hohe Zahl von Formen sprachlicher Zweigliedrigkeit in Lautung, Wort, Satz und Absatz auf, dagegen kaum Fälle von Drei- oder Mehrgliedrigkeit.

Nach Lausbergs Definition der unterschiedlichen Bedeutung der rhetorischen Figuren Zwei- und Dreigliedrigkeit ist hier in der Zweigliedrigkeit die Spannkraft und nicht die Vollständigkeit das dominierende stilistische Prinzip.

Im ersten Teil des Redesegments dient die Zweiteilung dem Prinzip der Opposition; im zweiten Teil tritt ein Ausgleich der konjunktiven und oppositionellen Funktion der Figur der Zweigliedrigkeit hervor. Der Grund ist an der artikulierten Thematik abzulesen: Während im ersten Teil das Programm der Labour Party offensiv polemisch gegen die Praxis der konservativen Regierung verkündet wird, wird im zweiten Teil der Inhalt des Programms mit suggestivem Schwung angepriesen, wobei die Polemik weithin die treibende Kraft ist. Die Zweigliedrigkeit aber, die durchgehend als Strukturzug dominiert, erscheint dem wechselnden Rhythmus von Polemik und Propaganda, Eigenlob und Fremdtadel, nicht völlig kommensurabel: sie ist auch unabhängig von der unmittelbaren Polemik das stilbildende Prinzip, die rhetorische Verfahrensweise. Es muß daraus geschlossen werden, daß die Tendenz zur Zweigliedrigkeit als eine Neigung zur Zweiteilung, Antithese, Opposition, grundlegender, tiefer angelegt ist als die Tendenz zur aktuellen Polemik.

Es muß eine Basis der noch einheitlichen, noch ungeteilten sprachlichen, kommunikativen und rhetorischen Kompetenz angenommen werden. Dort muß das Prinzip der Zweiteilung vor der qualitativen Differenzierung in Konjunktion und Opposition usw. als Möglichkeit vorhanden sein. Ob diese Vermutung auch für die psychologische Tiefenstruktur des Redners gelten kann, muß eine offene Frage bleiben. Biographische Zeugnisse weisen Wilson als einen radikal antagonistisch denkenden Politiker aus, dessen Ansichten und Entschlüsse vom parteipolitischen Gegensatz ihre

Schärfe, ihre Unversöhnlichkeit, ihre gelegentliche Unglaubwürdigkeit, aber auch ihre Kraft empfangen.

Zu fragen wäre, ob dieser Tendenz Wilsons zur Antithetik nicht auch eine gegenläufige Tendenz zur Synthetik entspricht; Indizien finden sich in seinen Reden und auch in Äußerungen über ihn dafür, daß er überkommene englische Idiologeme, patriotisches, nationales Empfindungsgut mit fortschrittlichem, naturwissenschaftlich-technologischem Gedankengut verbinden möchte und dazu die Jugend als „Garanten" aufruft (Vgl. VII, 3!) und daß er in diesem Sinne auch englisches Nationalbewußtsein mit der Idee des Sozialismus zu verbinden trachtet. In *The Relevance of British Socialism* [37] sagt Wilson: "First we must say what British socialism is. I stress the word 'British' because it owes very little to continental Socialism, and has its roots in distinctively British ideals and British institutions. Its ideals are the expression of the great tradition of British radicalism." (S. 2) Und sein Biograph Leslie Smith sagt in seinem Buch *The Authentic Portrait* [38]: "His patriotism runs deep, and he gives some passages in his speeches a Churchillian ring. Speaking in Scarborough in 1963 he said: 'We are not a flag-waving party. But we are a deeply patriotic party, because we truly represent the British people'." (S. 210)

---

[37] Harold Wilson, *The Relevance of British Socialism*. London, 1964.
[38] Leslie Smith, *Harold Wilson. The Authentic Portrait*. London, 1964.

Analysen von Texten imaginativer Literatur
Roman und Erzählung

4. Leistung des Adverbs auf -ly
(Angus Wilson, *Hemlock and After*[39])

I The day-time had become almost a pageant of histrionic rôles for Celia Craddock. Every movement of her body, every tone of her voice, combined to fortify her in these rôles which her emotions invented in their fight against her conscience. Whatever doubts she had of her sincerity in her letter to Bernard, whatever distaste she felt for the underhand scheme she had proposed in order to hold him and Eric to her will, were blurred and lost in the intensity of her play-acting. She moved sim*ply*, gracious*ly*, about her household tasks — a mother who, despite all her healthy desire to live for herself, had courageous*ly* pushed aside her lazy distaste for interference and her hatred of circuitousness in order to save her son from unhappiness. If she put on a kettle, it was done quiet-*ly*, a little sad*ly*, for the shabby tricks to which life forces us to descend, but radiant*ly*, proud*ly*, for the strength and the wisdom in her that had allowed her to accept such little shabbiness where life had become too big for her poor human conscience. If life, in fact, had proved too big for her moral values, she had at least proved as big as life by setting them aside. As she made flaky pastry for the chicken pie — she would at any rate spoil Eric a little in these hard growing-up days when a mother had to stand by silent and see him suffer — she was Elizabeth Tudor or Catherine of Russia who, with a little *moue* of disgust for the smallness of humanity, set scruple aside in the greater cause of statecraft.

II But night was not so kind. With the early morning light of four or five o'clock, she woke to a world in reverse. Now she saw only a mother who, from her own selfish grasp on life, had stooped to dishonesty and indulged her sense of power to keep from her son what she had missed for herself. In vain she told herself that she was a woman of the world, not a Buchmanite to harp on unadult dreams like absolute honesty. In vain she told herself that any other mother would long, long before have revolted against so unhealthy a relationship for her boy. Her will, her ego, were too exhausted in

[39] Penguin Books 1957, S. 221–222.
(Hervorhebungen des Suffixes -ly von mir, H.V.)

those early hours to play their day time rôles. She knew that a conventional outraged mother would have spoken direct*ly* and honest*ly* in her anger. She knew, in fact, that she had herself long accepted the 'unhealthy' relationship, but that she had never been willing to resign the future to her son.

III As noises from the outside world told her that day was beginning again, her will would once more begin to come to life, and in those early, in-between hours a compromise would be effected between conscience and desire. If, perhaps, her motives were selfish, we can none of us examine motive too close*ly*; if she did not feel the conventional mother's antagonism, that did not make the assumption of it the less necessary. In a little while the scheme would have worked — Bernard would not have written, Eric, after the miseries of life's lesson, would have accepted the future. Her motives would then be buried beneath the issue, the happy issue of a son saved from moral danger. God — if one could believe in Him, she thought with a little laugh — would once more have moved in mysterious ways His wonders to perform.

IV She had unfortunate*ly* planned without considering one important thing — Eric's own feelings . . .

Textbeschreibung

Der Roman, Wilsons Erstlingswerk erzählerischen Großformats, erzählt die letzte Phase des Scheinerfolgs und Scheiterns des bekannten und bewunderten Schriftstellers Bernard Sands, dessen Lebensarbeit ihre Krönung in der Gründung einer Lebens- und Schaffensgemeinschaft junger Schriftsteller in Vardon Hall finden soll, die jedoch gerade im Augenblick des Triumphs die Fragwürdigkeit seiner eigenen zwiespältigen Persönlichkeit und seines ganzen Projekts erkennen läßt, dessen Scheitern ihn zur Selbsterkenntnis und in den Tod treibt.

Literarische Aufbereitung (,,Folie")

Eine der Gegenspielerinnen Sands', die Mutter eines seiner jungen Freunde, Celia Craddock, ist eine der exzentrischen Personen, in deren Darstellung Angus Wilson seine souveräne und satirisch-maliziöse Kunst des Porträtierens beweist. Mrs. Craddock ist eine brillante Wilsonsche Variante des Typus der Mutter mit Besitzinstinkt, die ihren zartbesaiteten Sohn Eric der fördernden Freundschaft des berühmten großen Mannes solange aussetzt, bis dieser in seiner Fürsorge, die auch ihrer Eitelkeit und verdrängten Begierde stellvertretend geschmeichelt hatte, die Trennung von ihrem Sohn wünscht, die ihr als bedrohliche Beraubung erscheint. Nun beginnt sie, die großzügige, aber besorgte Mutter zu spielen, und nötigt in einem seelen-erpresserischen Briefe Bernard Sands, Eric ,,aufzugeben", womit sie das Unheil seines Zusammenbruches beschleunigt. Kurt Schlüter, der sorgsame Nachzeichner Wilsonscher ,,Kuriosa", weist auf die ,,Theatermetaphorik als Darstellungsmittel sowohl für subjektive Unaufrichtigkeit wie für objektive Unechtheit" hin [40] und bezeichnet damit einen für Angus Wilson charakteristischen Zug seiner erzählerischen Verfahrensweise: den Doppelaspekt innerer und äußerer ,,Wirklichkeit" menschlichen Verhaltens.

Der ausgewählte Abschnitt des ,,Epilogs" zeigt Mrs. Craddock nach dem durch sie beschleunigten Tode Bernard Sands' im Widerstreit der Gefühle: während bei Tage die schauspielernde Selbstbeschwichtigung

---

[40] *Kuriose Welt im modernen englischen Roman.* Berlin: Erich Schmidt, 1969, S. 129.

obsiegt, hat des Nachts der Gewissenszweifel die Oberhand. Logisch betrachtet liegt in der Abfolge Tag-Nacht-Morgen eine genaue Verwirklichung des dialektischen Dreischritts These-Antithese-Synthese vor: Bei Tag dominiert das histrionische Rollenspiel des angenommenen Über-Ich, das eine Reihe von rührenden Mutterrollen zur beschwichtigenden Verfügung stellt; bei Nacht unterliegt es dem erkennenden Gewissens-Ich, das die wahren eigennützigen Motive zeigt; der Morgen schließlich bringt den Kompromiß, in dem das schauspielernde Ich sich wieder durchsetzt. (Im 4. Absatz wechselt der Schwerpunkt bereits zu Eric hinüber.)

Linguistische Vorbereitung („Sonde")

Auffälliges syntaktisches Mittel, das selbstbeschwichtigende intensive Rollenspiel ("the intensity of her play-acting") zu verdeutlichen, sind die im ersten Abschnitt in überraschender Doppelung erscheinenden Adverbien synthetischer, nämlich durch Anfügung des Suffixes -ly gebildeter Art. Ihre Analyse verspricht vertiefte Einsicht in die beabsichtigte und möglicherweise auch unbeabsichtigte expressive Wirkung der sprachlich-stilistischen Gebilde und ihrer Gestaltung. Wenn aber das Adverb selbst den Ansatz zur Analyse seiner stilistischen Bedeutung bieten soll, so muß es in zwei verschiedenen Wirkungsweisen, also funktional kontrastiv, vorliegen, denn nur aus der Opposition zweier Funktionsweisen derselben Form kann sich die kritische Analyse der stilistischen Leistung entwickeln. Eine solche kontrastive Verwendung ist in der angezogenen Textstelle zu vermuten, doch bedarf sie einer klareren Begründung. Vermutet darf werden, daß die gedoppelt auftretenden Adverbien "simply, graciously", "quietly, a little sadly" und "radiantly, proudly" (Absatz I) ein und derselben Gruppe angehören, zu der wahrscheinlich noch "courageously" gehört, während "directly and honestly" (Absatz II) und "closely" (Absatz III) einer anderen, oppositionellen Gruppe zuzurechnen sind. Der Kontrast, so läßt sich vermuten, liegt im unterschiedlichen Modus der Kommunikation, bzw. Expressivität der adverbialen Form und Funktion.

Auszugehen ist von der Form und Funktion des englischen Adverbs auf -ly. Das Suffix -ly fungiert als Wortbildungsmorphem; als solches bildet es mit einem Lexem, z. B. dem Adjektiv "simple" oder "gracious", das Adverb "simply" oder 'graciously'. Es fragt sich nun, ob das Suffix -ly als Wortbildungsmorphem das Wort "simple" oder "gracious" lediglich von der Wortart des Adjektivs in die des Adverbs überleitet. Bünting sagt: „Nicht immer leiten jedoch Wortbildungsmorpheme Wörter ab. Häufig haben sie außerdem oder ausschließlich eine semantische Funktion und bringen einen oder mehrere klar bestimmbare semantische Inhalte in das neugebildete Wort ein ... Man hat demnach bei Wortbildungsmorphemen zwischen *grammatischer* und *semantischer Funktion* zu unterscheiden."[41]

Für die stilistische Analyse, d. h. für die Bestimmung der Ausdrucksqualität einer sprachlichen Fügung, ist eine „funktionale Derivation" (Ableitung) eines Adverbs aus einem Adjektiv mit Hilfe des Suffixes -ly zwangsläufig auch eine „semantische Derivation", weil einmal die Ableitung als solche, als vollzogener Vorgang, bereits stilistisch wirksam ist, darüber hinaus aber jede syntaktische Form als Stilfigur eine Ausdrucksgestalt mit spezifisch expressivem Sinngehalt ist.

Die Adverbien auf -ly des Angus Wilson-Textes haben zunächst daher alle als Adjektivderivate einen allgemeinen semantischen Gehalt, der sich auf die expressive Wirkung der bloß funktionalen Derivation beschränkt. Diese ist beschreibbar als eine in dynamische, andauernde Erscheinungsweise verwandelte Eigenschaft: "simple" – "simply", "gracious" – "graciously" demonstrieren dies. Charakteristisch für die Expressivität dieser Derivation ist der relativ hohe Grad an entsinnlichender Abstraktion, da mit dem Verzicht auf „analytische" Fügungen (etwa "in a simple way", "in a gracious manner") die in der analytischen Gegliedertheit sich entfaltende sinnliche Suggestivität hier zurücktritt.

Durchführung der Analyse

Nicht in dieser generellen semantischen Bestimmung der Expressivität des Syntagmas liegt nun aber die für den Text bedeutsame Wirkung; diese beruht vielmehr auf einer anderen, subtileren syntaktischen Veranstaltung: nämlich der Doppelung und, damit eng verbunden, der graphisch sichtbaren Isolierung und Betonung der Adverbien innerhalb des Kontextes. Reduplizierung und Isolierung bedingen einander wechselweise und wirkungsvoll, und beide Erscheinungen markieren einen Modus der Erzählung, der als subjektiv-personal „erlebte"[42]

---

[41] Bünting, *a. a. O.*, S. 110f.
[42] im Sinne der „Erlebten Rede", also einer besonderen Form personaler Erzählhaltung.

Häufung und Relativierung das aufgesetzte histrionische Rollenspiel der in Rede stehenden Person sprachlich-syntaktisch begründet. Allerdings läßt sich dieser Modus nicht a priori bestimmen; vielmehr tragen jene Adverbien bei der Anwendung der interpretativen Methode des hermeneutischen Zirkels erst zur Gesamtwirkung des Kontextes bei. Ihr Anteil an der Wirkung ist deshalb auch nicht abgegrenzt zu ermitteln.

Die Wirkung der Erzählung im Absatz I ist vom 4. Satz an ("She moved simply, graciously . . . " der Form nach als objektiver Bericht des Erzählers Angus Wilson, der vermittelten Bewußtseinslage nach jedoch als subjektive Bekundung der Romanfigur Celia Craddock, als eine gemäßigte Form der „Erlebten Rede" und damit als personale Erzählhaltung aufzufassen. Der Satz "She moved simply, graciously, about her household tasks" bewirkt durch 1.) die unverbundene (asyndetische) Juxtaposition, 2.) die relative Isolierung und Lockerung (Komma nach "graciously"!), 3.) die Doppelung und 4.) den relativ abstrakten Charakter des semantischen Gehalts einen Umschlag der Wirkung des „äußeren" Berichts in eine solche des „inneren", wobei jedoch das spürbare Auseinandertreten der erklärenden Außensicht und der (ironisch) verklärenden Innensicht genau dem Charakter des Rollenspielens ("a pageant of histrionic rôles") entspricht, den der Erzähler gleich anfangs erzählerisch diagnostiziert.

Wie im Satz "She moved simply, graciously, about her household tasks" die Adverbien "simply" und "graciously" das selbstbetrügerische und selbstgenießerische Rollenspiel der Mrs. Craddock suggestiv enthüllen, so auch die Adverbien im nächsten, 5. Satze: "If she put on a kettle, it was done quietly, a little sadly, for the shabby tricks to which life forces us to descend, but radiantly, proudly, for the strength and the wisdom . . . etc." [43] Das gleiche Prinzip zeigt sich: Doppelung, Asyndeton Lockerung und ideale Abstraktheit. Verstärkt wird hier nun aber die Ironie durch das Miteinander gegensätzlich motivierter Verhaltensweisen in: "quietly, a little sadly" durch die Reflexion über die Schäbigkeit der Tricks, zu denen das Leben zwingt; in "radiantly, proudly" durch das selbstgefällige Gefühl von Stärke und Weisheit, die Mrs. Craddock zur Hinnahme der Schäbigkeiten des Lebens bewogen, sich aber als zu groß für ihr Gewissen erwiesen hatten. Die ironische Psychologisierung ist ein Meisterstück Wilsonscher Kleinkunst: Mrs. Craddocks vom Er-

---

[43] Eine Analyse des akustischen Bildes würde leicht den „wahren", d. h. unwahren Charakter dieser Äußerung entlarven.

zähler erklärte Einsicht, daß sie ihre moralische Unterlegenheit gegenüber der Größe des Lebens durch Mißachtung der moralischen Werte überhaupt kompensieren könne, ist eine brilliante erzählerische tour de force, mit der die dialektische Raffinesse heuchlerischer Naturen durch parodistische Selbstentlarvung moralisch-satirisch, aber auch spielerisch-genüßlich demonstriert wird.

Gerade diese Art histrionischer Ironie, die in der Histrionik der sich selbst entlarvenden Person der Mrs. Craddock die Histrionik des Autors verbirgt, der sich so jeglicher Affirmation positiver oder normativer Werte und Verhaltensweisen entzieht, bringt es nun aber mit sich, daß im Absatz II des Textes, in der Antithese der Nacht-Situation, da Mrs. Craddocks moralisches Gewissen über ihren histrionischen Selbstbetrug siegt, der Ton der Erzählung, dem jetzt die personal gegründete Ironie fehlt, einen eigentümlich unsicheren moralischen Tenor bekommt; denn der Autor bezieht hier einen moralisch positiven, unironischen Standort. In dieser seriösen moralischen Analyse seiner Figur verwendet er zwar auch gedoppelte Adverbien, aber nicht asyndetisch, nicht ironisierend herausgehoben aus seinem Erzähl- und Beurteilungskontext: "She knew that a conventional outraged mother would have spoken directly and honestly in her anger". Merkwürdig, wie neutral, blaß und bieder der sonst so brilliante Satiriker hier schreibt! Die Adverbien sind hier nicht mehr das Mittel einer personalen Selbstentlarvung: sie sind, da die Scheinhaltung zusammengebrochen ist, jetzt sachlicher Ausdruck der Selbsterkenntnis der Mrs. Craddock, die zugleich der Ausdruck der sie richtig beurteilenden moralischen Rezension des Autors ist. „Personales" und „auktoriales" Moralisieren sind hier eins, während sie im Absatz I witzsprühend divergierten. Die Adverbien, vorher schillernd in ironischem Schleier, sind ehrbar geworden.

Im Absatz III, dem der Synthese und des Kompromisses ("a compromise would be effected between conscience and desire"), bahnt sich bereits wieder die personale Erzählhaltung, damit die „Erlebte Rede", das Divergieren der verhohlenen Meinung des Autors und des unverhohlenen raisonnements der Person an: "If, perhaps, her motives were selfish, we can none of us examine motive too closely ... " ist formal ein auktorial stilisierter Satz, der Denklage nach ist er aber bereits wieder in ironischer Distanziertheit aus Mrs. Craddocks unverbesserlicher Selbstrechtfertigungsperspektive heraus gesprochen und ein personal stilisiertes Manöver halb eingestandener, halb wieder zurückgenommener Unmoral.

Wenn der Absatz IV beginnt: "She had unfortunately planned without considering one important thing — Eric's own feelings", so ist hier das Adverb kaum ironisch koloriert. Nur eine Spur von Sarkasmus schwingt in dem Satz, der strategisch auf den Kardinalfehler in der Rechnung der Mrs. Craddock abzielt: daß sie das Nächstliegende, die Gefühle ihres Sohnes, in ihrem Kalkül der Selbstsucht vergessen hat.

Ergebnis

So zeigt sich, wie die Adverbien zu Indizien für die Tonlage der Erzählung in diesem Roman Angus Wilsons werden. Keineswegs ist ihr Sinngehalt in abstracto aus der linguistischen Form deduzierbar, wenngleich die syntaktische Form in begrenzt-funktionalem Sinn bereits „Sinn" vermittelt. Die Fülle und die Feinheit der Wirkungen entstehen erst im geschickten, oft raffiniert gehandhabten Zusammenspielenlassen vieler syntaktischer, semantischer und phonologischer Momente. Die Analyse dieses Zusammenspiels erfordert das hermeneutische Verfahren, das die Voraussetzung für die richtige Veranschlagung der besonderen Expressivität eines einzelnen, stilistisch verwendeten Syntagmas, hier des Adverbs auf -ly, ist. Von ihm aus eröffnen sich die bereits bekannten und beschrittenen Wege der Analyse von Erzählhaltungen, die im Grunde nichts anderes als die epischen „Register" von Stilen als Verfahrensweisen sind, die erst in der individuell stilistischen Aneignung als Abweichung von der Norm neue Wirkungen von Expressivität erzielen und die immer eine verfeinerte Form von Kommunikation sind.

5. Leistung der temporalen Konjunktion
(Iris Murdoch, *Under the Net* [44])

I I am afraid of crowds, and I should like to have got out, but now it was impossible to move. I calmed myself and started watching the fireworks. It was a very fine display. Sometimes the rockets went up singly, sometimes in groups. There were some which burst with a deafening crack and scattered out a rain of tiny golden stars, and others which opened with a soft sigh and set out almost motionless in the air a configuration of big coloured lights which sank with extreme slowness as if bound together. *Then* [45] six or seven rockets would come shooting up and for an instant the sky would be scattered from end to end with gold dust and falling flowers, like the chaos on a nursery floor. My neck was getting stiff. I rubbed it gently, letting my head resume its usual angle, and I looked idly about upon the crowd. *Then* I saw Anna.

II She was on the other side of the river, standing at the corner of the Petit Pont, just at the top of the steps which led down to the water. There was a street lamp just above her, and I could see her face quite clearly. There was no doubt that it was Anna. As I looked at her, her face seemed suddenly radiant like a saint's face in a picture, and all the thousands of surrounding faces were darkened. I could not imagine why I had not seen her at once. For a moment I stared paralysed; *then* I began to try to fight my way out. But it was absolutely impossible. I was in the thickest part of the crowd and pinned firmly against the wall. I couldn't even turn my body, let alone struggle through the packed mass of people. There was nothing for it but to wait for the end of the fireworks. I pressed my hand against my heart which was trying to start out of me with its beating, and I riveted my eyes upon Anna.

III I wondered if she was alone. It was hard to tell. I decided after watching her for a few minutes that she was. She remained perfectly motionless, looking up, and however deep the murmur of delight which this or that exceptionally splendid rocket evoked from the crowd, she did not turn to share her own pleasure with any of the people who stood about her. She was certainly alone.

---

44 Penguin Books 1963, S. 189 ff.
45 Hervorhebungen von mir, H. V.

I was overjoyed. But I was in anguish too in case when the crowd
disintegrated I should lose her. I wanted to call out to her, but
the murmur of voices all about us was so strong and diffused
that my call would never have reached her. I kept my glance
burning upon her and called out with all the power of my thought.

IV *Then* she began to move. The crowd on the other bank was less
dense. She took two paces and hesitated. I watched in terror.
Then to my relief she began to descend the steps to the riverside
walk directly opposite to me. As she did so she came fully into
my view. She was wearing a long blue skirt and a white blouse.
She carried no coat or handbag. I was moved to the point of frenzy
and I called her name. But it was like shooting an arrow into a
storm. Thousands and tens of thousands of voices covered up my cry.
The steps were covered with people sitting and standing on them
to watch the fireworks, and Anna was finding it quite hard to
pick her way down. She paused half-way, and with an unutterably
graceful and characteristic gesture which I remembered well, gathered
up her skirt from behind and continued her descent.

V   She found a vacant place on the very edge of the river, and sat
down, curling her feet under her. *Then* she looked up once more
to watch the rockets. The river was black now under the night sky
and glassy, a black mirror in which every lamp raised a pole of light
and the conflagration in the sky above dropped an occasional
piece of gold. The line of people on the other bank was clearly
reflected in it. Anna's image was quite still beneath her. I wondered
if in the river, which at that point on the left bank came fully up
to the wall of the roadway, my own reflection was as vividly shown.
I agitated my hands, hoping that either I or my image might attract
Anna's attention. *Then* I took out a box of matches and lit one or
two close to my face. But in such a galaxy of lights my little light
could not attract much notice. Anna continued to look up. While
I flapped and waved and flung the upper part of my body about
like a ridiculous puppet, she sat as still as a spellbound princess,
her head thrown back and one hand clasping her knee; while a stream
of stars fell from the sky almost into her lap. A moment later something dropped with a sharp clatter on to the parapet beside my hand.
Automatically I picked it up. It was the stick of one of the rockets.
As I lifted it, in the light of the next star burst, I read the name
which was written upon it: BELFOUNDER.

VI I held it for a moment in a kind of astonishment. *Then* taking a
careful aim I threw it into the water so that it fell directly into
Anna's reflection, and at the same time I waved and called. The
image was scattered and the glass disturbed for a long way between the two bridges. Anna lowered her head; and while I leaned
towards her until I nearly toppled head first into the river, she
fixed her eyes upon the rocket stick which was now moving very
very slowly in the direction of the sea, offering thereby a sensible
proof that moving water can render an impeccable reflection.
Then someone behind me said, 'c'est fini!'; and I felt the pressure
beginning to lessen at my back.

Jake Donaghue, ein nicht mehr ganz junger, als "hack writer" ein un-
stetes Leben fristender, liebenswert-exzentrischer Bohemien, ist auf
der Suche nach Geld, nach Liebe, nach dem Sinn seines Lebens.[46]
Im XV. Kap., dem der Ausschnitt entnommen ist, finden wir ihn in
Paris, wohin er von seiner Gönnerin Madge gerufen worden ist. Am
Abend des 14. Juli, des französischen Nationalfeiertags, schlendert er
durch die festlich bewegte Menge der Seine zu. Er bedenkt seinen mit
Kompromissen und Halbwahrheiten übersäten Lebensweg; er denkt
dabei an Anna, seine Geliebte, die er aus den Augen verloren hat.
Allmählich führt ihn sein ziel- und planloses Schlendern an die Seine
gegenüber Notre-Dame. Von der Menge bedrängt steht er am *quai*.
Hier beginnt nun der Abschnitt.

Als Erzähler seiner eigenen Geschichte berichtet Jake Zug um Zug,
was er auf seinem Gang durch das turbulente Treiben erlebt. Er breitet
keine Seelenlandschaft aus, ergießt sich nicht in strömende Empfindungen, flieht nicht in weltabgewandte Meditationen, sondern berichtet
in klaren, kurzen Sätzen den Verlauf seines Erlebens in anschaulichen
Einzelphasen.

In dem ausgewählten Abschnitt erscheint nun bei der Beschreibung
des plötzlich aufrauschenden Feuerwerks durch den Erzähler das

---

[46] Vgl. Helmut Viebrock, "Iris Murdoch: *Under the Net*" in *Der mod. engl.
Roman,* Interpretationen, hrsg. v. Horst Oppel, Berlin: Erich Schmidt, 1965.
Vgl. ferner bes. Antonia Byatt, *Degrees of Freedom.* The Novels of Iris
Murdoch. London: Chatto & Windus, 1965; Lothar Bredella, *Die entstellte
Wirklichkeit*: Eine Analyse der Romane und theoretischen Schriften von
Iris Murdoch. (Diss.) Frankfurt a. M., 1968.

Wörtchen "then". (Es ist dem Leser schon früher aufgefallen.) Seiner grammatischen Form nach ist es Adverb, seiner syntaktischen Funktion nach ein „Abfolge-Zeichen", ein "sequence signal".[47] Solche Sequenz-Signale oder Abfolge-Zeichen sind: *then, afterwards, hereafter, thereafter, henceforth, hitherto, heretofore, meantime, meanwhile, later, earlier.* Von ihnen sagt Fries, sie seien lexikalisch zwar unterschieden, strukturell dagegen gleich: "they serve as sequence signals connecting a following sentence to one that precedes."[48] Syntaktisch und isoliert betrachtet ist das Adverb "then" als Abfolge-Zeichen ein sich semantisch stets gleichbleibendes Funktionswort, dessen Bedeutung eben in seiner Funktion liegt, deren Besonderheit gegenüber anderen Wörtern der gleichen Gattung lexikalisch bestimmbar ist; in jedem Fall ist die Bedeutung, isoliert betrachtet, auf die Funktionalität als Abfolge-Zeichen beschränkt. Daß erst der jeweilige sprachliche Kontext dieser allgemeinen logischen Beziehung in der syntaktischen Funktion zu spezifischer stilistischer Wirkung verhilft, soll an den verschiedenen Erscheinungsweisen von "then" im Text gezeigt werden.

1. Fall: Absatz I: "Then six or seven rockets would come shooting up ... ". Vorausgegangen ist die Schilderung des Feuerwerks, dessen einzelne Phasen und Formen, obwohl vielfältig, sich auch ähneln und wiederholen. Statt einlinig diese repetitiven Vorgänge zu beschreiben, faßt der Erzähler sie zu bestimmten Erscheinungsweisen zusammen: "Sometimes the rockets went up singly, sometimes in groups. There were some which burst ... , and others which opened ... " Jetzt vervielfältigt sich der Vorgang; statt einzelner Raketen steigt jeweils ein ganzes Bündel von sechs oder sieben auf, um den Himmel mit Goldstaub und fallenden Blüten auszufüllen: "Then six or seven rockets would come shooting up ... " Hier markiert "then" also nicht nur die zeitliche Abfolge, sondern zugleich damit eine überraschende Steigerung des Vorgangs; allerdings innerhalb eines Zyklus sich wiederholender Einzelphasen, wie das iterative "would come" beweist. Dieser iterative oder habituelle Aspekt [49] des Hilfsverbs *will*, bzw. *would*

---

[47] Vgl. Ch. C. Fries, *The Structure of English*. London: Longmans, Green and Co., 1967, S. 248 ff.
[48] *Ebd.*, S. 249.
[49] Im Sinne von "aspects of the verb" („Aktionsarten"); vgl. G. Scheurweghs, *Present-Day English Syntax*. London: Longmans, Green and Co., 1959, S. 385, No. 659: "*Will* and, mainly, *would* also express *what is habitually* done'

reduziert den Charakter des Überraschenden, ohne ihn jedoch zu eliminieren. Man spürt, daß die Reihenfolge darauf abzielt, einen Steigerungseffekt auch bei sich wiederholenden Phasen des Vorgangs zu erreichen. Damit ist der temporale Charakter des Vorgangs, dessen neue Phase das Abfolge-Signal anzeigt, zum Ausdruck einer momentanen Steigerung des Effekts im Sinne einer kalkulierend gesteigerten Reizwirkung transformiert und modalisiert.

2. Fall: Absatz I: "Then I saw Anna." Vorausgegangen ist die Ermüdung und Entspannung des Erzähler-Helden, der, statt ins prasselnde Feuerwerk zu schauen, jetzt müßig über die Menge hinblickt: " . . . I looked idly about upon the crowd. Then I saw Anna." Hier endet der Absatz.

Die Kürze der Aussage frappiert, mehr noch allerdings ihr Inhalt, die assertorische Feststellung, daß das, was eben noch Gegenstand des vagen Träumens und Suchens war, Anna, plötzlich als geliebte, gegenwärtige Wirklichkeit erkannt wird. Diese knappe assertorische Feststellung eines aufregenden und unerwarteten Sachverhalts wirkt zurück auf die Ausdruckskraft des Abfolge-Signals "then", das jetzt in viel stärkerem Maße als vorher eine für den Erzähler selbst überraschende Wendung anzeigt. Diese besondere Wirkung liegt darin, daß der durch das Sequenz-Signal angezeigte Fortgang in Wahrheit eben eine Wendung ist und in der Ankündigung einer neuen Phase des Vorgangs das Ende der alten beschreibt, weil nur durch den scharfen Gegensatz zum Bisherigen sich das Neue in seiner Radikalität zeigen läßt. Dieser Rückbezug aber wird durch die Endstellung am Absatz erreicht. "Then" signalisiert damit viel stärker adversativ als vorher den Schock im Bewußtsein des Erzählers[50]; ja es bezeichnet jetzt nicht so sehr einen äußeren Vorgang mit seiner Wirkung aufs Bewußtsein, als vielmehr zunächst die innere Wirkung, mit der ein geheimes Wunschziel für das Bewußtsein selbst realisiert erscheint. Der Fortgang der Erzählung enthüllt den Illusionscharakter dieser Erscheinung; aber er verrät damit auch etwas von der Neigung des Helden zu plötzlichen, raptushaften Neuorientierungen, die alle früheren Konstruktionen der Realität über den Haufen werfen. Es steckt in der stilistischen Funktion des Abfolge-Signals "then" an

---

[50] Herr Kollege Standop machte mich auf diese Nähe zur Wendung "I see!" („Ach so"), den Ausdruck des Erkennens, aufmerksam.

dieser Stelle — und jedes Stilisticum ist ein *hic Rhodos, hic salta*[51] — ein Moment des Neurotischen, einer Selbstdramatisierung, die den streunenden Helden einer kontingenten Welt immer wieder „unters Netz", in die Falle lockt, hinters Licht führt.

3. Fall: Absatz II: Im nun folgenden Abschnitt wird in der Schilderung Annas am anderen Ufer die halluzinatorische Bereitschaft Jakes in der Betonung des prekär Auffälligen ihrer Position und der Betroffenheit über sich selbst deutlich: "She was ... standing ... *just* at the top of the steps ... There was a street lamp *just* above her ... Her face seemed *suddenly* radiant ... I could not imagine why I had not seen her *at once.*"[52] Der Zustand gelähmten Starrens wird abgelöst durch hektische Bemühung, sich den Weg zu ihr zu bahnen: "For a moment I stared paralysed; *then* I began to try to fight my way out." Wieder ist die expressive Wirkung der Funktion des Abfolgezeichens "then" eine andere. Hier drückt es die Lösung aus der Erstarrung aus, läßt jedoch das Abrupte des Wechsels auch hier in Erscheinung treten. Kurz: "then" weist hier auf den vom Erzähler realisierten Wechsel seines inneren und äußeren Zustandes hin.

4. Fall: Absatz IV: Hier hat die Erzählung den Charakter des zügigen Ablaufs eines Vorganges. Diesmal steht "then" am Anfang des Absatzes. Vorausgegangen war der Versuch des Helden Jake, sein Gegenüber, Anna, durch Rufen zu erreichen, ein verzweifeltes seelisches Rufen, bei dem er auf sie starrt — eine alptraumhafte Situation. Als tue der Ruf der Seele seine Wirkung, löst sich alsbald die Gestalt Annas aus ihrer stillen Haltung: "*Then* she began to move." "Then" ist hier, obwohl das adversative Moment nicht fehlt, stärker auf den weiteren Fortgang gerichtet, signalisiert einen in Bewegung kommenden Vorgang. Das nächste "then" markiert dann wieder eine Wendung: Als der Erzähler gerade voll Schrecken befürchtet, daß die Gestalt sich entfernt, steigt sie zu seiner Erleichterung zum Uferweg ihm gegenüber herunter: "*Then* to my relief she began to descend the steps ..." Im ersteren Fall zeigt "then" einen Wechsel des physischen Zustandes an, der im Erzähler neuen Schrecken und neue Angst, sie zu verlieren,

---

[51] Vgl. den Schlußgedanken.

[52] Hervorhebungen von mir, H. V.

auslöst; im letzteren Fall weist es auf den Wechsel der physischen Bewegung des „Objekts" hin, aber, eng damit verbunden ("Then to my relief"), auch auf den Wechsel der psychischen Bewegung des Subjekts.

5. Fall: Absatz V: Auch in diesem Absatz erscheint "then" einmal aufs Objekt, zum anderen aufs Subjekt bezogen: "*Then* she looked up . . . "; "*Then* I took out . . . ". Im einen Fall: Andeutung wiederholter Attitüde des Objekts, im anderen: Zeichen verzweifelter Aktivität des Subjekts.

6. Fall: Absatz VI: Hier signalisiert "then" den Wechsel von erstaunter Erstarrung zu plötzlicher physischer Aktivität des Subjekts, als Jake auf dem Raketenstab den Namen ihres Herstellers, seines Freundes Belfounder liest (den, wie sich später herausstellt, Anna liebt): "I held it for a moment in a kind of astonishment. *Then* taking a careful aim I threw it into the water . . . " Die Wirkung seiner Handlung ist eine unerwartete: statt auf ihn zu blicken, blickt Anna auf Hugos Fackelstab, der die Seine hinabtreibt; auf ihn, nicht Jake, ist sie fixiert. Aus seiner angespannten Haltung der Erwartung erlöst ihn das entmutigende Wort eines anonymen Sprechers über das Feuerwerk, ein Wort, das Jake auf seine Situation bezieht: "Then someone behind me said, 'c'est fini!' . . . "

Die stilistische Beschaffenheit, d. h. die Expressivität eines Syntagmas wie des Adverbs "then" zu beschreiben, kommt einer Analyse der in jenem Funktionswort zentrierten Zusammenwirkung vieler kontextualer Wirkungsmomente gleich. Wahrhaft stilistisch relevant ist die Analyse aber erst, wenn sie durch das Aufzeigen wiederholter ähnlicher Verwendungen dieses spezifischen Ausdrucksmittels auf eine vom Autor intendierte Haltung einer seiner Gestalten (einer Person oder des Erzählers selbst) oder auf die dem Autor selbst in seinem Oeuvre eigentümliche Haltung oder gar auf eine allgemeine, vom Einzelautor abstrahierte Haltung zu schließen erlaubt.

Die durch "then" und seinen Kontext in verschiedenen Nuancen signalisierte dramatisierende, halluzinatorisch-verunsicherte, raptushaftveränderliche Haltung Jakes ist nicht notwendig die der Autorin; die spannungsträchtige Funktion dieses Mittels wie auch anderer weist allerdings auf ihr großes erzählerisches Talent hin, das in klaren erzählerischen Konturen subtil und suggestiv die illusionistischen Gemütsbewegungen zusammen mit dem spannend gegliederten äußeren Geschehen darstellt.

6. Leistung des sozialen Dialekts und der Erlebten Rede
   (style indirect libre)

(Alan Sillitoe, *The Disgrace of Jim Scarfedale* [53])

I   It worn't long after the war started that Jim surprised us all by getting married.

II When he told his mam what he was going to do there was such ructions that we could hear them all the way up the yard. His mam hadn't even seen the girl, and that was what made it worse, she shouted. Courting on the sly like that and suddenly upping and saying he was getting married, without having mentioned a word of it before. Ungrateful, after all she'd done for him, bringing him up so well, even though he'd had no dad. Think of all the times she'd slaved for him! Think of it! Just think of it! (Jesus, you should have heard her.) Day in and day out she'd worked her fingers to the bone at that fag-packing machine, coming home at night dead to the wide yet cooking his dinners and mending his britches and cleaning his room out — it didn't bear thinking about. And now what had he gone and done, by way of thanks? (Robbed her purse? I asked myself quickly in the breathless interval; pawned the sheets and got drunk on the dough, drowned the cat, cut her window plants down with a pair of scissors?) No, he'd come home and told her he was getting married, just like that. It wasn't the getting married she minded — oh no, not that at all, of course it wasn't, because every young chap had to get married one day — so much as him not having brought the girl home before now for her to see and talk to. Why hadn't he done this? Was he ashamed of his mother? Didn't he think she was respectable enough to be seen by his young woman? Didn't he like to bring her back to his own home — you should have heard the way she said 'home': it made my blood run cold — even though it was cleaned every day from top to bottom! Was he ashamed of his house as well? Or was it the young woman he was ashamed of? Was she *that* sort? Well, it

---

[53] Alan Sillitoe, *The Loneliness of the Long Distance Runner*. London: Pan Books, [8]1966, S. 122-23.

was a mystery, it was and all. And what's more it wasn't fair, it
wasn't. Do you think it's fair, Jim? Do you? Ay, maybe you do,
but I don't, and I can't think of anybody else as would either.

III She stopped shouting and thumping the table for a minute, and
then the waterworks began. Fair would you say it was — she
sobbed her socks off — after all I've struggled and sweated,
getting you up for school every morning when you was little
and sitting you down to porridge and bacon before you went out
into the snow with your topcoat on, which was more than any
of the other little ragbags in the yard wore because their dads
and mams boozed the dole money — (she said this, she really did,
because I was listening from a place where I couldn't help but
hear it — and I'll swear blind our dad never boozed a penny of
his dole money and we were still clambed half to death on it . . .)
And I think of all the times when you was badly and I fetched
the doctor, she went on screaming. Think of it. But I suppose
you're too self-pinnyated to think, which is what my spoiling's
done for you, aren't you? Eh?

Alan Sillitoes Kurzgeschichte von Jim Scarfedale, der nach einem ge-
scheiterten Versuch, sich aus der Mutterbindung zu lösen und eine
Ehe zu führen, reumütig nach Hause zurückkehrt, um heimlich seinen
ins Lasterhafte und Kriminelle pervertierenden Trieben zu frönen,
bis ihm die Polizei sein „Handwerk" legt, wird von einem Ich erzählt,
das in unverblümter, gesund-vulgärer Weise das Leben der allzu tüchti-
gen und autoritär-usurpatorischen Mrs. Scarfedale und ihres gefügigen
und verzärtelten Sohnes aus nachbarlicher Nähe beobachtet hat und
berichtet.

Die ausgewählte Textstelle eröffnet den eigentlichen Konflikt der
Handlung. Auslösend ist der Entschluß Jims, der bislang den Wünschen
seiner Mutter gefügig war und wegen schlechter Augen nicht zum
Kriegsdienst eingezogen wurde, sich zu verheiraten, ohne seine Mutter
um Rat gefragt zu haben. Die Stelle ist sprachlich und stilistisch deshalb besonders interessant und reizvoll, weil der vulgär und mit Slang-
Ausdrücken farbig und forsch berichtende Erzähler die im Vergleich
zu seiner vulgären Redeweise relativ gehobenere, aber dennoch familiäre
Redeweise der Mrs. Scarfedale in ihrer unwiderstehlichen Rhetorik so
genau wie möglich wiederzugeben sucht. Es ist die besondere erzählerische Kunst Sillitoes, daß er den Erzähler diesen Bericht einer Rede —

unterbrochen von dessen eigenen Kommentaren — weder in der sklavischen Nachbildung durch die direkte Rede noch in zu stark verwandelter indirekter Rede, sondern in der hybriden, aber umso lebendigeren Form der „erlebten Rede" und ihren Übergängen zu direkter Rede geben läßt.

„Die erlebte Rede steht in der Mitte zwischen direkter und indirekter Rede."[54]

In der erlebten Rede identifiziert sich der Erzähler so sehr mit der Person, deren Gedanken er wiedergeben will, daß er aus ihrer Bewußtseinslage heraus spricht, allerdings ohne die äußere Form des epischen Berichts, nämlich die 3. Person und das Tempus Praeteritum, aufzugeben. Dadurch wird auch der Leser genötigt, sich innerlich vollständig mit der redenden oder denkenden Person zu identifizieren, während die epische Form ihm zugleich das Gefühl der distanzierten Fiktionalität und daher der ästhetischen Gratifikation vermittelt.

Wenn mit *Colloquial English,* wie Leisi meint [55], diejenigen Wörter bezeichnet werden, „die für die Umgangssprache, d. h. die alltägliche Redeweise und den leichten (*informal*) Schreibstil z. B. persönlicher Briefe charakteristisch sind",[56] und wenn dieses Umgangsenglisch der Redeweise Gebildeter entspricht und noch zum *Educated English* gehört, [57] so ist die Bezeichnung des Redestils der Mutter Jims mit *colloquial* zu hoch gegriffen. Andererseits sind in ihr aber auch keine ausgesprochenen Slang-Ausdrücke oder Vulgarismen des Wortschatzes und der Grammatik nachzuweisen. Deshalb muß ihre Sprache als familiäre, nach „unten" offene Gruppensprache, zugleich aber als von der Norm der Respektabilität hochgehaltene Redeweise angesprochen werden.

Der Ich-Erzähler dagegen macht aus seinem vulgären sozialen Gruppendialekt kein Hehl; seine Rede ist durchsetzt mit deftigen und saftigen Slang-Worten, die den respektlosen Kommentar zum „respektablen" Stil der Mrs. Scarfedale abgeben.

Die erlebte Rede, die in ihren Anfängen bis ins frühe 19. Jahrhundert zurückgeht und naturgemäß im psychologischen Roman zu Hause ist,

---

[54] Wolfgang Kayser, *Das sprachliche Kunstwerk. Eine Einführung in die Literaturwissenschaft.* Bern: Francke, 1951, S. 145.
[55] Ernst Leisi, *Das heutige Englisch.* Heidelberg: Winter, 1955, S. 164.
[56] *Ebd.*
[57] Vgl. *ebd.*

wird von Sillitoe auf die familiäre Gruppensprache angewendet, wobei der Erzähler und die Protagonistin sich sprachstilistisch voneinander abheben. Diese Zusammenführung divergierender Elemente im Stil des Textes geschieht mit hinreißender Bravour.

Der erste der drei Absätze (I), die die Textstelle ausmachen, besteht aus einem einfachen Satz, der das konfliktauslösende Faktum enthält. Der Satz ist dem Redestil nach der vulgäre Colloquialismus des Ich-Erzählers (die grammatikalische Form "worn't" ist ein Vulgarismus): "It worn't long after the war started that Jim surprised us all by getting married."

Der nächste, lange Absatz (II) nun umfaßt den ersten „trockenen" Teil der Philippica der Mrs. Scarfedale. Der erste Satz ist reiner Bericht: "When he told his mam . . . there was such ructions . . . "; und auch hier kennzeichnet ein Wort, "ructions" (Krach, Lärm), den vulgären Redestil. Der zweite Satz ist bereits der Übergang vom Bericht zur erlebten Rede: "His mam hadn't even seen the girl" — bis hierher erscheint der Satz noch als objektiver Bericht; da jedoch auf die zweite Hälfte ("and that was what made it worse") unmittelbar der inquit-Satz "she shouted" folgt, erscheint dem Bewußtsein zunächst jener zweite Teil als innerlich abhängiges Objekt dieses übergeordneten Satzes, dessen Prädikat "shouted" eine lautstarke Variante der performativen Kategorie des „Sagens und Denkens"[58] ist, während der Indikativ "was" des abhängigen Satzes durchaus als Konjunktiv, bzw. Modus der inneren Abhängigkeit empfunden werden kann. Nachträglich wird im Bewußtsein des Lesers (dieser Vorgang vollzieht sich sehr schnell) auch die erste Hälfte des Satzgefüges im Sinne der Abhängigkeit vom nachgestellten Hauptsatz umfunktionalisiert. Es zeigt sich an diesem Satz ein für die moderne englische Syntax charakteristisches Phänomen: die syntaktische Fügung ist kein gedanklich präfabriziertes Gerüst, sondern ein dynamischer Formungsprozeß, in dem sich die schmiegsame englische Syntax der noch im Prozeß sich verändernden Gedankenformung anpaßt. "Thinking as one goes along" ist die diesem Vorgang entsprechende Formel. Der Leser vollzieht diesen dynamischen Prozeß nach, dessen Deutung vom Ende her die anfängliche hypothetische Deutung korrigiert, so wie der Sprecher den Anfang des Satzes erst durch den Abschluß in einem bestimmten Sinne festlegt.

[58] Vgl. Habermas, a. a. O., S. 111.

Nachdem jetzt der *point de vue* der Mrs. Scarfedale eingenommen ist, wird der folgende elliptische Satz als aus ihrer Perspektive gesprochen verstanden: "Courting on the sly . . . upping and saying . . . without having mentioned . . . ". Die Gerundien enthalten die verkürzten, geballten Urteile der empörten Mutter Jims. Ungenannt — von der Mutter — ist der Träger der so beurteilten Handlungen, Jim; unausgesprochen — vom Erzähler — ist aber auch die Tatsache, daß diese Beurteilungen von Mrs. Scarfedale ausgehen; dieses braucht aber auch nicht erneut ausgesagt zu werden, weil es ja im vorhergehenden Satz ein für allemal gesagt ist. Die scheinbar einfache und „dem Leben abgelauschte" Satzbildung ist, analysiert man sie, sehr kunstvoll; denn obwohl diese Wortfolge unverändert die authentische Form der Anklage der Mrs. Scarfedale sein könnte, wobei der empörte Ton hinzugedacht werden muß, ist sie hier in den Kontext der erlebten Rede hineingestellt: Der Satz ist ein elliptischer Ausrufungssatz in der erlebten Rede.

Auch der nächste Satz fällt unter dieses Strukturmuster elliptischer erlebter Rede; jedoch ist hier der Charakter der erlebten Rede, die statt des „du" die Berichtsform „sie" und „er" hat, deutlich: ". . . after all she'd done for him . . . ". Der folgende Satz bringt eine neue, witzige syntaktische Variation: "Think of all the times she'd slaved for him." Wieder gilt, was oben gesagt wurde: daß die syntaktische Fügung eines Satzes sich am Anfang oft anders anläßt als am Schluß. Denn am Anfang glaubt der Leser, daß der Erzähler in seinem Bericht jetzt zur wörtlichen Wiedergabe der Rede der Mutter, zur Form der reproduzierten direkten Rede also, übergegangen sei; am Schluß jedoch merkt er, daß auch dieser Imperativ noch Teil des Krypto-Reports der erlebten Rede ist: "she'd slaved for *him*".

Die sich steigernde Intensität der „Standpauke" mit ihren eindringlichen Wiederholungen wird vom Erzähler wortgetreu und praktisch in direkter Rede wiedergegeben: "Think of it. Just think of it!" Hier erinnert nichts mehr an die distanzierende Funktion der erlebten Rede, und der Erzähler ist so im Banne der erinnerten Worte, daß er im nächsten Satz, dessen Klammer die vertrauliche Selbstunterbrechung seiner Erzählung kennzeichnet, dem Leser diesen seinen unmittelbaren Eindruck suggerieren möchte: "(Jesus, you should have heard her)." Der folgende Satz ist eindeutig erlebte Rede: ". . . she'd worked her fingers *to the bone* . . . coming home at night dead *to the wide* . . . it didn't bear thinking about": der emotionale Charakter, untrügliches Zeichen der erlebten Rede, ist im Pathos der idiomatischen Wendungen eingefangen.

Aber schon der nächste Satz bringt wieder eine amüsante Wendung des Erzählstils: auf die rhetorische Frage der Mrs. Scarfedale mit der darauf folgenden kalkulierten Pause für reumütiges In-sich-Gehen des Gescholtenen "And now what had he gone and done, by way of thanks?", die deutlich den Charakter der erlebten Rede fortsetzt, erwägt der Erzähler, wie er in einem weiteren Klammer-Satz vertraulich beiseite spricht, selbst blitzschnell eine Reihe von möglichen Antworten, die sein eigenes Repertoire an verfügbaren Jugenddelikten bloßstellt. Statt seiner Antwort erfolgt aber die Antwort der Mutter von ihr selbst, die nichts anderes beinhaltet als eben jenes Faktum, das der Erzähler selbst einleitend berichtet: die eigenmächtige Heirat Jims.

Die weiteren Sätze, die die Tonart der erlebten Rede bis zum Schluß des Absatzes durchhalten, sind eine überzeugende psychologische Studie einer ihren Sohn beherrschenden Mutter, die zwar im Rahmen der Wahrheit operiert, aber statt des zentralen Motivs ein peripheres vorschiebt: Mrs. Scarfedale beanstandet nicht (so gibt sie vor), daß ihr Jim geheiratet, sondern daß er seiner Mutter die Braut noch nicht vorgestellt hat. Auch in diesem vorgegebenen Grund richtet sie sich emotional und vorwurfsvoll ein, indem sie ihrem Sohn vorwirft, seine Mutter verleugnet zu haben. Die alte kleinbürgerliche Norm der „Respektabilität" wird bei dieser Gelegenheit wieder ins Spiel gebracht, womit der Charakter der Mrs. Scarfedale, die bei aller proletarischen Misere "genteel" sein möchte, gekennzeichnet ist.

Der Erzähler schaltet noch einmal ein kurzes vertrauliches „Beiseite", diesmal in Parenthese, ein: " — you should have heard the way she said 'home': it made my blood run cold —".

Am Schluß aber mündet die erlebte Rede bei sich vollendender Identifikation des Erzählers mit der Sprecherin (oder, vielmehr, bei sich vollendender Usurpation der Erinnerung des Erzählers durch die bezwingende Rhetorik der Sprecherin) in authentische Berichterstattung, nämlich die Wiedergabe der Worte in direkter Rede ein: "Do you think it's fair, Jim? Do you? . . . " usw. Hier bricht am Höhepunkt die Rede ab.

Der dritte, kürzere Absatz III beginnt mit einem von Slang-Worten farbig und frech gefärbten Bericht: auf die „trockene" Phase der Philippica folgt die „feuchte": "The waterworks began . . . she sobbed her socks off." Und weiter geht es in direkter Vergegenwärtigung der Rede: "after all I've struggled and sweated ... ". Der rhetorische Fluß der Rede löst allerhand vulgären Bodensatz ab und spült ihn an die Oberfläche: "because their dads and mams *boozed* the dole money." Dies ist das Stichwort für den Erzähler, der, in einer längeren Klammer, für seine Familie diese Unterstellung zurückweist und beiläufig die eigene Existenznot kundgibt: "we were still clambed half to death on it."

Die fortgeführte direkte Rede wird durch den Einschub des Bericht-Satzes "she went on screaming", mit dem der Bogen zurück zu dem Satz "she shouted" im vorhergehenden Absatz geschlagen wird, aus der unmittelbaren Suggestivität in die Distanz der übergeordneten epischen Kontrolle zurückgenommen.

Der nächste, nicht mehr in der Textstelle enthaltene Absatz setzt das gleiche Verfahren fort. Danach geht der epische Bericht weiter.

Sillitoe gelingt in dieser Erzählung, die wie die übrigen das englische Arbeiter-Milieu der Gegenwart schildert, eine faszinierende Verbindung zweier Gruppensprachen der sozialen Schicht der "working class": der vulgären, slanghaften Kraft und Konkretheit des Ich-Erzählers und der nicht weniger vulgären, aber Respektabilität anstrebenden Suada der Person der Mutter des Helden. Die schillernde Vermischung dieser beiden Stilformen geschieht vermittels des Mediums der erlebten Rede, die in der englischen Erzählkunst zu einem vielfach nuancierenden Instrument entwickelt worden war. Die Verbindung zweier sozialer Idiome mit einer reifen Form der Erzählkunst ergibt eine Form der *short story,* die charakteristisch für die gegenwärtige englische Literatur ist. Sillitoes Stil ist sprachlich der Stil einer Gruppe und einer Zeit, aber daß es ein künstlerischer Stil ist, beruht darauf, daß er, der Kenner des sozialen Milieus, die epischen Kunstformen mit nachtwandlerischer Sicherheit handhabt.

Drama

7. Leistung der Vergleichspartikel "as" und "like"
(Christopher Fry, *A Yard of Sun*[59])

I ANGELINO. Well, you will want to see the Palazzo.

II ANA-CLARA. I embarrassed him. Now he will never like me.
As for the Palazzo, I had to promise
Not even to peer in through a window until
My husband gets here. May we sit and talk,
And feel less *like* [59a] strangers in a railway carriage?

III LUIGI. May I fetch you a drink?

IV ANA-CLARA.   No, thank you. — I'm in disgrace
With my husband, too. His eyebrows ran down his nose —
A bad omen always — when I told him I meant
To arrive without him. A man can't understand
Women prefer to spin at home,

Out of the belly *like* a spider,
Not be laid in it *like* a cuckoo's egg.
So I walked all the way, a willing novice
Learning her neighbourhood. Each façade
And little piazza, shop doorway and swag of washing
Instructed me into my different life.
You see how brilliantly your son diagnosed
The romantic in me.

V ANGELINO. Roberto is a doctor.

VI ANA-CLARA. I believe it; he makes an incision with his eye.

VII LUIGI. You're not Italian. Is it Spain? Where do you come from?

VIII ANA-CLARA. I'm Portuguese.

IX LUIGI.   I see; and could you tell me
Is it just by chance that you arrive this week,
The week of the Palio— the sensational week
When the city celebrates an immortal identity,
When it hymns our power of survival over oppression,
Defeat and death?

---

[59] Christopher Fry, *A Yard of Sun*. A Summer Comedy. London: Oxford University Press, 1970, Act One, S. 31–33.
[59a] Hervorhebungen von mir, H. V.

X ANA-CLARA.   Not in the least by chance.
   It has been my — do you say, lodestar?
XI LUIGI.   Wonderful!
   Then you understand how significant this year's race is,
   The first since the war. You know how it all began?
   Four centuries ago, or nearly that,
   The city held out through a siege for months
   Until the skeleton third of the population,
   All that was left, pushed open the gates
   And let the enemy in.
   The parish companies were stripped of their arms
   But were 'armed in the spirit', so history says.
   Instead of being military defenders
   They became civil protectors of our liberties
   And the city straightened its vertebrae to a ramrod.
   And that's what we celebrate in the Palio:
   Pride in our flair for resurrection,
   Excitement, violence and rivalry,
   With the Mother of God *as* carnival queen.
   Spare a lira for the guide, lady.

XII ANA-CLARA. He's worth a hundred.
                        (*She kisses his outstreched palm.*)
                        Like the poet's blind
   Tiresias, I have seen it all.

XIII LUIGI.   You've seen it?

XIV ANA-CLARA. As an article of faith. Whenever I closed
   My eyes on hot afternoons in Portugal.
   I heard it so often described, never enough
   To match my curiosity. I persevered
   With endless questions, to trap the forgotten detail,
   Until I could set it all in train by drowsing.
   What I fancied I saw was common life,
   Particularly the common male, glorified!
   Striped, pied, blazoned and crested,
   Pausing and advancing *like* courting sunbirds —
   Indeed, the whole deliberate procession
   Like an unhurried lovemaking. Isn't it so?

>   The first shock of the gun, and the trumpets
>   That stop the heart, until it beats again
>   With the rap of the kettle-drums, and the pouring in
>   Of colour on the pale square. The huge voice
>   Of the crowd is *like* the roar of blood in the ears.
>   The Commune flag fluttering, while the Commune bell
>   Jerks in the erect campanile,
>   *Like* an alarm, and *like* a gloria; both.
>   And all the time the banners ripple and leap,
>   Circle the body, stroke and rouse
>   With creating hands. Oh, it really is, you know,
>   A lovemaking, a fishing in sensitive pools.
>
> XV   LUIGI (*undoing his tie and collar*).
>   Excuse me; today's going to be a lion,
>   And it's only ten o'clock. — You won't make me
>   Believe you were never here, I won't have that.
>
> XVI   ANA-CLARA. At last when the corporate body has been tautened
>   Absolutely to expectation's limit
>   There comes the violent release, the orgasm,
>   The animal explosion of the horse race,
>   Bare-backed and savage. After that — well, after that
>   I am lost in the dispersing crowd, I give way
>   To my siesta.
>
> XVII LUIGI.   Confess you have seen it.

(Auf die Gliederung nach methodischen Gesichtspunkten wird von nun an verzichtet, um dem Systemzwang zu entgehen. Der Leser wird dennoch unschwer erkennen, daß das Prinzip der Anwendung der „Sonde" auf die „Folie" hier wie auch in den folgenden Analysen, bzw. Interpretationen beibehalten worden ist.)

A Yard of Sun (1970) vervollständigt als Sommer-Komödie den dramatischen Jahreszeiten-Zyklus Frys, in dem *The Lady's not for Burning* dem Frühling, *Venus Observed* dem Herbst und *The Dark is Light Enough* dem Winter zugeordnet ist. *A Yard of Sun* — zugleich räumlich und sinnbildlich gemeint, denn "yard" ist der Hof eines alten sienesischen palazzo und auch das Längenmaß, die Elle, — spielt im Jahre 1947 in Siena, am Vorabend des "palio", jenes alten, schon 1347 urkundlich belegten sportlich-religiösen Volks- und Stadtfestes, das jährlich am 2. Juli und

16. August stattfindet und bei dem der Sieger im Pferde-Wettlauf auf dem großen mittelalterlichen Platz, dem *campo,* vor dem *Palazzo Publico,* das auf Tuch ("palio") gemalte Bild der Mutter Gottes als Wanderpreis erhält. Die Wettkämpfer sind Söhne von zehn Stadtbezirken ("contrade"); dem Wettlauf geht der Aufzug der städtischen Körperschaften und Zünfte in mittelalterlichen Gewändern voraus. Christopher Fry bezieht sich in seiner Komödie auf dieses alte heidnisch-christliche Fest und fügt dem Text eine Beschreibung aus der Feder Stewart Perownes ("A Note on the Palio") bei.[60]

Das Stück spielt in Siena im Hofe eines alten Palastes, in dem der Witwer Angelino Bruno mit seinen Söhnen und die vermeintliche Witwe Giosetta Scapare mit ihrer Tochter wohnen. Angelino Bruno hat drei Söhne: Roberto, Luigi und Edmondo; Roberto, ein junger Arzt, war Partisanenkämpfer, Luigi trug das Schwarzhemd, und Edmondo, ein geschäftstüchtiger Gauner, kommt gerade aus Portugal zurück, wo er ein Vermögen gemacht hat. Er bringt seine schöne und phantasievolle junge Frau mit, Ana-Clara, die in der ausgewählten Szene sich mit ihrem Schwiegervater Angelino und Schwager Luigi über den "palio" unterhält, der sie fasziniert. Es deutet sich in dieser Szene an, daß das allgemeine Thema des Stücks „Wiedervereinigung" ist und daß das Fest des "palio" dabei seine Wirkung tut.

Luigi und Ana-Clara sprechen über den "palio". Dabei gebraucht Luigi einmal den Ausdruck "With the Mother of God as carnival queen" und Ana-Clara den Ausdruck "Like the poet's blind Tiresias".[61]
Die beiden Vergleiche erweisen sich bei näherer Untersuchung ihrer syntaktischen Struktur und ihres dramatischen Kontextes als wichtige Ansatzpunkte für eine vertiefte Stilanalyse und damit Sinndeutung des Szenenabschnitts und möglicherweise weit darüber hinaus.
Ausgangspunkte für die Analyse der syntaktischen Struktur der beiden Vergleiche sei ein konstruiertes linguistisches Modell, die beiden englischen Sätze "He fought like a lion" und "He died as a pauper". Im ersten Satz bezieht sich die „Artergänzung"[62] der „Artangabe" bei einem Verb des „Sichverhaltens" auf die Art und Weise des Kämpfens,

---

[60] Vgl. *A Yard of Sun,* S. 111–113.
[61] beide Ausdrücke *a. a. O.,* S. 32.
[62] Vgl. *Der große Duden* 4: Grammatik der deutschen Gegenwartssprache. Mannheim: 1966, S. 481, Nr. 5280.

so daß "like" die Funktion einer „Adverbialbestimmung des Vergleiches" [63] innehat, durch die die Qualität der Tätigkeit (des Kämpfens) an einem Musterfall, einer Norm dieser Tätigkeit (dem Kämpfen des Löwen) gemessen wird. Es liegt mithin eine Übertragung (Transfer) von einer (absoluten) Norm eines Verhaltens zu einer (relativen) Realisierung vor: Die Kampfweise des Löwen, nicht seine Gestalt oder irgendein Attribut, steht als Norm in Rede.

Nicht so in "He died as a pauper": Hier liegt *keine* „Artergänzung" vor, sondern die Identifikation eines Individuums mit seiner Sozialrolle als (beglaubigter, staatlich anerkannter) Armer. Die „Vergleichspartikel" "as" hat hier die Funktion einer „Rollenergänzung" (um einen Kontrastbegriff zu „Artergänzung" zu erfinden); denn der „Vergleich" zielt nicht auf ein Messen des Verhaltens an einer Norm ab, sondern auf das Feststellen eines Sozialstatus an dem Verhalten eines Menschen. Deutlicher gesagt: Im 1. Satz ist „er" kein Löwe, kämpft aber wie einer (nicht als solcher!), im 2. Satz ist „er" ein Armer und stirbt als solcher (aber nicht wie einer)[64]. Formuliert man aufgrund dieser Überlegung eine vorläufige Hypothese, so ergibt sich für den genannten Fall zweier unterschiedlicher, durch "like" bzw. "as" gekennzeichneter Vergleiche[65] das Kontrastschema: "like" = mißt die Art oder Qualität eines Verhaltens an einer durch einen Träger repräsentierten absoluten Tätigkeit als Norm, subsumiert also nach dem idealen Modus; "as" = mißt die Art oder Qualität eines Verhaltens an der Standesnorm einer Sozialrolle, subsumiert aber nach dem realen Status. Anders und kürzer ausgedrückt: "like" mißt die Art des menschlichen Verhaltens einer Person, "as" mißt die Art des gesellschaftlichen Zustandes der (sozialen) Rolle einer Person.

Überprüfen wir diese Hypothese an Beispielen des Textes. Ana-Clara, die gerade angekommen ist, sagt zu ihrem Schwiegervater Angelino Bruno und seinem Sohn Luigi: "May we sit and talk, / And feel less like strangers in a railway carriage?" (II, 4–5). Ana-Clara, Angelino und Luigi sind keine einander fremden Reisenden im Eisenbahnwagen, die nicht miteinander reden (wobei der Autor möglicherweise englische

---

[63] Koziol-Hüttenbrenner, *Grammatik der engl. Sprache.* Heidelberg: Winter, 1956, S. 35.
[64] Wenn dies intendiert wäre, würde man "He died as paupers do" erwarten.
[65] "like" und "as" werden hier lediglich in ihrer Funktion als Adverbialbestimmungen verstanden.

Verhältnisse auf italienische überträgt), und Ana-Clara will gerade ein solches Verhalten gar nicht aufkommen lassen. Um in den Begriffen der Hypothese zu sprechen: Ana-Clara mißt die Art oder Qualität ihres Verhaltens an den einander fremden Reisenden in einem Eisenbahnwagen, die (stehen und?) nicht miteinander reden, mißt sie also an einer durch ihre Träger repräsentierten Tätigkeitsnorm; sie subsumiert es — ex negativo! — nach dem idealen Modus der ad hoc durch den Vergleich gesetzten Norm.

Betrachten wir in der Textstelle zunächst jetzt die weiteren Fälle eines "like"-Vergleiches.

Ana-Clara: "Like the poet's blind / Tiresias, I have seen it all" (XII, 1–2). Der blinde Seher Tiresias ist die Norm, an der Ana-Clara ihre Vision des Palio vergleichend mißt — ein eindeutig bestimmbarer Gebrauch des Vergleiches.

Schwieriger wird jedoch die Analyse der langen Passage, in der Ana-Clara nun ihre Vision im Detail beschreibt. In ihrer „Phantasie" hat sie das große Volksfest des Palio gesehen; das „gewöhnliche Leben" und der „gemeine Mann" erscheinen ihr mit einem besonderen Glanze umgeben ("glorified"). Im Rausche der Reproduktion ihres „Gesichts", ihrer Vision, greift sie zu Vergleichen, die nun in der Häufung bei gleicher Tendenz, d. h. gleicher Bildsphäre, viel von ihr verraten: "Striped, pied, blazoned and crested, / Pausing and advancing like courting sunbirds —/ Indeed, the whole deliberate procession / Like an unhurried lovemaking" (XIV, 9–12) [66]. Der erste Vergleich dieser Passage — "like courting sunbirds" („wie balzende Sonnenvögel") — mißt das anhaltende und vorpreschende Verhalten und Aussehen, also die Erscheinung der am Aufzug beteiligten Männer, am balzenden Verhalten und blendenden Aussehen von Sonnenvögeln, und schon wird im Vergleich die erotische Wirkung des Schauspiels auf die junge Frau fühlbar. Der zweite Vergleich macht dies explizit: die ganze Prozession erscheint ihr wie ein genußreich ausgekostetes ("deliberate", "unhurried") Liebesspiel.

Im Verlauf des Redeergusses ist diese erotisch-orgiastische Grundstimmung in weiteren Vergleichen, besonders aber im Bilde des aufgerichteten Glockenturms ("erect campanile") unübersehoder -hörbar, doch betreffen die "like"-Vergleiche die Stimme der Volksmenge, die wie das Rauschen des Blutes in den Ohren klingt: "The huge voice/ Of the crowd is like the roar of blood in the ears" (XIV, 16–17), das

[66] *Ebd.*, S. 33.

Läuten der Glocke, das wie ein Alarm und ein Lobpreis zugleich klingt: "the Commune bell / Jerks in the erect campanile, / Like an alarm, and like a gloria; both" (XIV 18—20). Die expliziten, Bild- und Sachbereich noch trennenden Vergleiche gehen dann über in die ungeteilte Metapher, in der die flatternden Banner selbst zu liebkosenden und sinnlich erregenden Händen umgefühlt werden (XIV, 21—23).

Nach einer kurzen Unterbrechung durch den staunend lauschenden Luigi fährt Ana-Clara in ihrer visionären Herzensergießung fort, die in ihrer erotischen Metaphorik und Rhetorik selber den Erlebnis-Bogen eines Geschlechtsaktes zu vollziehen scheint und in dem das Pferderennen als bildlich-orgiastischer Höhepunkt mit Worten nackter sexueller Erregtheit evoziert wird, die danach absinkt, so daß Rhetorik und Rednerin zu temporärer Ruhe kommen. Die bisherige grobe Umschreibung würde sich jedoch kaum rechtfertigen lassen, wenn sich nicht von der Struktur der "like"-Vergleiche aus genauere und weiterreichende Erkenntnisse gewinnen ließen als die, die jedem aufmerksamen Leser sowieso zuteil werden.

Erinnern wir uns an das hypothetisch Formulierte und prüfen wir, ob bei der Anwendung auf die sechs "like"-Vergleiche sich Änderungen oder Weiterungen in der Hypothese und Analyse ergeben: Laut Schema müßte angenommen werden, daß Ana-Clara die Art oder Qualität des Verhaltens der festlich bunten Volksmenge an absoluten Normen mißt, die durch Träger nach einem idealen Modell repräsentiert und subsumiert werden. Es ergibt sich danach, daß dies ideale Modell für Ana-Clara durchgängig der Liebesakt ist, "a lovemaking", nicht der bare Geschlechtsakt, auch nicht das Liebesspiel, sondern ein erotisch sublimierter, ästhetisch ausgekosteter körperlicher Liebesakt. Ana-Claras eigene vibrierende Ergriffenheit zeigt, daß sie das prächtige Volksfest als eine Manifestation des Prinzips oder Gottes Eros sieht, das bzw. den sie als urmächtig empfindet. So erscheint sie, so scheint der Autor Christopher Fry sie erscheinen lassen gewollt zu haben.

Aber pointiert einsichtig werden Ana-Claras Haltung, Rhetorik und Gesinnung erst durch die mit ihr kontrastierende Haltung, Rhetorik und Gesinnung Luigis. Wo für Ana-Clara das Fest in der Tiefe des Trieblebens entspringt, erklärt Luigi es aus der Tiefe geschichtsmythischer Vergangenheit heraus, die in ihrer Vergegenwärtigung die Stadt und das Volk von Siena durch das Fest in ihrer „unsterblichen Eigenheit" ("immortal identity") bestätigt und ihre Kraft zum Überwinden von Unterdrückung, Niederlage und Tod rühmend bekräftigt: "When

it hymns our power of survival over oppression, / Defeat and death"
(IX 4, 5–6), womit in jüngster Zeit wohl auch Faschismus, Krieg,
deutsche Besatzung und deren tödliche Gefahren gemeint sind. Luigi
erzählt Ana-Clara den Ursprung des Festes, den der Autor einer dem
Drama angefügten Schilderung des Palio[67] verdankt. Im Verlaufe
seiner beredten Erklärung geht er in metaphorische Anschaulichkeit
über, ohne jedoch die den Bruch zwischen Sach- und Bildbereich noch
reflektierende Vergleichsform zu benützen. Nahtlos fügt sich der sach-
lichen Benennung die bildliche Beschreibung an: "Instead of being
military defenders / They became civil protectors of our liberties / And
the city straightened its vertebrae to a ramrod" (XI, 11–13). Als
Grund und Ziel des Festes bezeichnet Luigi dann den Stolz auf ihren
(der Sienesen) Sinn für Auferstehen, Aufregung, Gewalt und Rivali-
tät, und fügt hinzu, zugleich als Climax: "With the Mother of God as
carnival queen" (XI, 17). Spricht's und streckt mit histrionischer
Geste seine Hand aus, wie um ein Trinkgeld für die Auskunft zu for-
dern.

Gerade diese theatralische und spielerische Geste deutet an, in welcher
Gestimmtheit sich der Sprecher befindet: aus der Ergriffenheit schlägt
sie in Spektakel und Jux um. Genau diese Bewegung vom Erhaben-
Religiösen zum Spielerisch-Lustigen ist in dem Vergleich der Mutter
Gottes mit der Karnevalskönigin schon angelegt.

Aber das Wort „Vergleich" will in seiner Grobheit hier nicht passen.
Man beachte: es geht hier ja nicht um die (blasphemische) Maskierung
einer Karnevalsprinzessin als Mutter Gottes; vielmehr übernimmt die
Gottesmutter und Himmelskönigin, auf ihrem Bildtuch erscheinend,[68]
die Rolle der Königin dieses „Karnevals", der in Wahrheit ein altes
religiös-reitersportliches Volksfest ist, eine „Liturgie des Lebens"[69].
Das als eine Art Wanderpreis[70] verliehene Bild der Madonna steht
ein für eine durch die Jahrhunderte in traditionellen Kostümen und
Bräuchen erhaltene religiös-weltliche Wirklichkeit einer Lebensform,
deren religiöser Gehalt sich zwar gewandelt hat, aber auch in der Verwandlung der Zeiten in der Substanz noch erhalten geblieben ist.
Denn das besagte doch der Vers "Pride in our flair for resurrection"
(XI, 15), in dem die Verbindung der Vorstellung von Auferstehung

---

67 Vgl. *ebd.*, S. 111–113
68 Vgl. den Bericht Perownes, *a. a. O.*, S. 111–113.
69 *Ebd.*
70 Vgl. *ebd.*

mit der des Spürsinns für Sensationen die naive Mischung sakraler und profaner Regungen einer heidnisch-christlichen Gefühlswelt spiegelt. Prüfen wir aber diesen „Vergleich" der Himmelskönigin mit der Karnevalskönigin an unserer Hypothese: Luigi mißt das Verhalten — hier doch das der Sienesen in ihrer Sicht des Festcharakters — an der Standesnorm einer Sozialrolle, subsumiert also nach dem Status. Das kann aber nach dem oben Gesagten nicht heißen, daß die Mutter Gottes blasphemisch unter das Leitbild der Karnevalskönigin gestellt würde, sondern nur, daß für Luigi und die Sienesen in ihrer aus Stolz, Erregung, Gewalttätigkeit und Wettkampfgeist gemischten Gestimmtheit die religiösen Empfindungen kultischer Verehrung für die Göttlichkeit der Madonna mit ihrer heidnisch-sinnlichen Weltlust und Lebensfreude so unauflöslich verbunden sind, daß die ihnen im Bilde erscheinende Mutter Gottes in der Rolle der Festkönigin mitwirkt. Zu bedenken ist auch, daß die Bezeichnung "carneval" kirchlich-religiösen Ursprungs ist. In unserem Kontext lebt dieser Ursprung per associationem wieder auf.

Da auch aus analogen Wortfügungen wie "flair for resurrection" die naive Vermischung weltlicher und heiliger Dinge durch den Italiener Luigi spricht und da es aus dem Kontext heraus klar ist, daß die rhetorische Verwandlung der Mutter Gottes in die Karnevalskönigin mit einer gewissen selbstgefälligen Bravour vollzogen wird, muß, um die Theorie der Praxis anzugleichen, die Hypothese leicht verändert werden: es muß nicht eine Subsumtion der Sache unter das Bild sein, es kann auch, wie hier, ein Wesen im Bilde eines anderen erscheinen.

Die Szene karnevalistischer Epiphanie der Mutter Gottes, die Luigi rhetorisch bewirkt, entspricht der konventionellen Vorstellung vom italienischen Volkscharakter. Nicht also ist Frys Einsicht neu, wohl aber gibt ihm sein Gegenstand Gelegenheit, die eigene Neigung, religiöse Überzeugungen in überraschender, oft durch die scheinbare Weltlichkeit oder gar Allzu-Weltlichkeit amüsant-bestürzender Bildlichkeit vorzustellen. Der Bericht Perownes gibt ihm das Stichwort, wenn es dort heißt: "The Palio (so-called from the painted cloth representing the Madonna which is the prize) restores to us... the dazzling liturgy of life... In Byzantium these were inseparable; to-day only very rarely, as at the Palio, are they to be enjoyed together."[71]

[71] *a. a. O.*, S. 111

Vergleicht man abschließend die rhetorisch-metaphorische Gestaltung der Rollen Luigis und Ana-Claras in dem untersuchten Szenenteil, so erkennt man, daß die beiden Personen sich u. a. durch die Art ihrer Vergleiche unterscheiden: Luigi trennt nicht zwischen Sache und Bild, ebensowenig wie er zwischen Vergangenheit und Gegenwart, der Religion und der Sensation, dem Göttlichen und dem Weltlichen, dem Erhabenen und dem Jux Grenzen sieht oder zieht. Er lebt, denkt und redet in einer die Wirklichkeit und Phantasie nahtlos verbindenden Weise. Seine Sinnlichkeit scheint dabei ganz absorbiert zu sein, wenngleich die Madonna für ihn wie für seinesgleichen auf simple Weise auch das Inbild des begehrten — und erlangbaren Preises (Perowne: "prize"!) sein mag. Ausdruck dessen der "as"-Vergleich.

Ana-Clara trennt zwischen dem äußeren Geschehen und der inneren Welt eines leidenschaftlichen Bewußtseins, da sie als Fremde den sakralen Grund für sich umdeutet und das ganze Ereignis als sexuelle Provokation erlebt. Für ihr sinnliches Naturell, das sich schon in der ersten Begegnung mit Roberto, dem ältesten Bruder, einem sozial denkenden Arzt, zu erkennen gibt, ist das uralte Fest als Ausdruck ursprünglicher, mythischer, phallisch-dionysischer Erlebnisse wirklich. Sie setzt Bewußtsein für Geschichte, Trieb für Tradition und den Mann für die Madonna. Ausdruck dessen der "like"-Vergleich.

Für die Art der Analyse aber mag gelten: Zwar lassen sich die oben gewonnenen Erkenntnisse nicht aus den untersuchten Strukturen syntaktisch-metaphorischer Gebilde a priori ableiten, aber eine gezielte sprachliche Analyse wie die des Vergleichs (die sich hier anbot, wenn nicht aufdrängte), kann im Zusammenwirken mit anderen Deutungsmomenten des Textes und Kontextes Erkenntnisse vermitteln, die zwar nicht ohne Kenntnisse des Kontextes möglich sind, aber solche vom Text her in spezifischer Weise bestätigen können. Christopher Frys dramatischer Stil sagt viel Verdecktes über seine Personen aus, aber auch über ihn selbst: er verrät seines Urhebers tiefsitzende humane Fähigkeit, religiöse und weltliche Vorgänge wechselweise symbolisch zu verstehen. Dabei sind poetische Metapher und poetischer Vergleich die Instrumente der Vermittlung von gedanklichem Gehalt und dramatischer Form.

8. Leistung von Fragesätzen
(Arnold Wesker, *I'm talking about Jerusalem*,
The Wesker Trilogy [72]

1   DAVE: What's that fire there?
> (*They all look at a red glow coming from behind the barn.*
> DAVE *and* ADA *rush off to one side of the barn.*)

        DAVE: I hope the bloody fool hasn't been up to any of his tricks.
> (SARAH *stands looking in the direction they've gone.*
> *After a few seconds* RONNIE *strolls in from the other*
> *side of the barn. He walks in a kind of daze, clutching*
> *a branch, gazing into space.*)

        RONNIE: You can build fires under the night sky.

2a   SARAH: What've you been up to you mad boy?

        RONNIE: There's bracken in every hedge and you can make
               fires with them.

2b   SARAH: Have you set the barn on fire?

        RONNIE: It's beautiful!

        SARAH: For God's sake stop playing the fool and answer me.

        RONNIE (*looking around him*): It's all very beautiful.

> (ADA *and* DAVE *appear.*)

        ADA: Ronnie, you are a nitwit, you could have set the whole
            place alight.

        RONNIE: Oh no. I know about these things.

3   SARAH: What did he do? I can't get any sense out of him.

        DAVE: It's all right – he made a camp fire, don't panic,
            nothing's burning. Let's eat.

> (*They settle down to eat except* RONNIE, *who for the*
> *moment leans against a box, still enraptured.*)

        SARAH: He's so mad. I get so angry sometimes. Look at him,
             in a daze. Take your raincoat off and sit down and eat.

> (RONNIE *sits down at the table but doesn't take off his*
> *raincoat.*)

4   ADA: What are you sitting down in your raincoat for?

---

[72] Penguin Books 1964, repr. 1970, Act One, S. 170ff.

	RONNIE:	Somehow I feel – I . . . (*unable to explain*)
5	ADA:	Yes, yes, but why are you eating with your raincoat on?
	SARAH:	Another madness! Every so often he gets a madness into his head and you can't shake him out of it. I get so annoyed. Ronnie, take your raincout off!
6	DAVE:	What are you getting upset for, both of you. The boy wants to eat in his raincoat let him eat in his raincoat.
	ADA:	He's not normal!
7	DAVE:	All right so he's not normal, why should you worry.
	ADA:	I do worry. I'm not going to sit at the table with him while he's wearing a raincoat. Ronnie take your raincoat off! (RONNIE *continues eating*.)
8	SARAH:	I don't know what makes him like this. Ronnie take your raincoat off!
	ADA:	He's so bloody stubborn. *Ronnie*!
9 10	DAVE:	You and your mother, you're both the same. Why don't you leave the boy alone. What harm is he doing in a raincoat.
11	ADA:	Because it annoys me that's why! (*to Dave*) Don't side with him Dave because if you side with him he knows he can get away with it. (SARAH *rises at this point and goes to a corner of the room where she finds an umbrella.*)
12	DAVE:	Now look at us! Here we are quarrelling among ourselves just because your brother is sitting down at the table wearing a macintosh. Have you ever heard such lunacy? What's your mother up to? (SARAH *sits at the table and opens the umbrella over her and proceeds to eat. Everyone looks at her in amazement. Suddenly* RONNIE *bursts out laughing, jumps up from the chair, kisses her, and takes off his raincoat.* DAVE *sees what has happened and laughs also. There is great merriment.*)
	DAVE:	Well if you Kahns aren't the most lunatic family I know. (*They all begin to eat.* SARAH *twists the umbrella once*

> *on her shoulders, sticks her hand out to see if the 'rain'*
> *has finished, and then folds up the umbrella and eats.)*
> SARAH: Don't I know my children!
13 DAVE: You're all so much alike, that's why.

In einer Anmerkung für Schauspieler und Regisseure, die er seiner Trilogie voranstellt, sagt Arnold Wesker, seine Menschen seien keine Karikaturen, sie seien wirklich (obgleich erfunden); wenn sie als Karikaturen präsentiert würden, so wäre die Pointe aller dieser Stücke verloren. Das Bild, das er entworfen habe, sei ein herbes, doch sei sein Ton nicht der des Abscheus – und sollte es in der Aufführung des Stücks auch nicht sein. Er fühle sich eins mit diesen Menschen, auch wenn er ärgerlich sei über sie und über sich selbst. [73]

Ärgerlich und besorgt über ihren zu verrückten Streichen und sonderbaren Einfällen aufgelegten Sohn Ronnie ist die alte Jüdin Sarah Kahn. Mit ihm, ihrer Tochter Ada und deren Mann Dave Simmonds ist sie auf dem Lande angekommen, denn das junge Paar hatte beschlossen, der Stadt und der Fabrikarbeit den Rücken zu kehren, um in einer einsamen Gegend auf dem Lande Leben und Arbeit von Grund auf neu zu beginnen und den Sozialismus zu „leben" statt ihn zu bereden (vgl. Akt. I, S. 164). Sarah ist eine das jüdische Schicksal der Preisgegebenheit mit tiefer Sorge tragende, phantasiebegabte Frau, Ronnie, ihr Sohn, ein junger Mann, der die Phantasiebegabung und Einbildungskraft seiner jüdischen Familie auf spielerische und laute Art und Weise zur Schau trägt. Seine Schwester zeigt mit ihrem tätigen Ernst für diese Begabung keine Neigung, während ihr Mann bei aller zielstrebigen Sachlichkeit sich der Sympathie für die geniale Spielerei von Sohn und Mutter nicht entschlagen kann. –

Das tapfere Vorhaben der Simmonds scheitert schließlich, und nach vielen geduldig ertragenen Rückschlägen resignieren sie und ziehen nach der Stadt zurück, ungebrochen jedoch in ihrer tiefen wechselseitigen Sympathie und der Hoffnung auf ein besseres zukünftiges Leben in „Jerusalem". Der Szenenabschnitt ist dem I. Akt entnommen, wo die Familie sich zum ersten Abendessen in ihrem neuen Heim auf dem Lande zu Tisch setzt.

---

[73] Vgl. *a. a. O.*, Author's Note, S. 7.

Der Abschnitt stellt eine relativ geschlossene Episode dar: Ronnie hat in seiner elementaren Freude an der neuentdeckten Natur und Nacht im Freien hinter der nahen Scheune ein Feuer angezündet und die Familie damit in Schrecken versetzt — unbegründet zwar hier, doch nicht im Hinblick auf die spätere Auswirkung der geringfügigen Unregelmäßigkeit, die dem ernsten Dave die fristlose Kündigung durch den uneinsichtigen Eigentümer einbringen wird. Angst und Sorge sind in der Familie ein berechtigter Dauerzustand. Deshalb verwundert die besorgt-ärgerliche Reaktion Mutter Sarahs und Daves beim Anblick des Feuerscheins nicht. Ronnie ist jedoch ungerührt durch die besorgten Vorhaltungen, die man ihm macht: er ist ganz verzückt von seinem Erlebnis, und schließlich nimmt Dave selbst ihn gegenüber den scheltenden Frauen in Schutz. Deren Ärger steigt, als Ronnie sich im Regenmantel zum Essen niedersetzt. Offenbar will er wieder hinaus in die Nacht, obwohl er gegenüber den nach den Gründen seiner Hartnäckigkeit fragenden Frauen keine passende Antwort gibt. Auch hier nimmt ihn Dave wieder in Schutz. Schließlich kommt Mutter Sarah der geniale Einfall, durch den sie Ronnie zum Lachen und Einlenken bewegt, und nun ist es Dave, der sich über die „verrückte" phantasiefreudige Familie wundert.

Es scheint, daß der Sinn der kurzen Episode so klar ist, daß sich eine weiter ausholende sprachlich gezielte Analyse erübrigt. Was trotzdem zu einer solchen, von einer einzigen sprachlichen Erscheinung ausgehenden und die allgemeine Interpretation möglicherweise vertiefenden Analyse nötigt, ist die an dieser Stelle auffällige Häufung von Fragesätzen, die in der überwiegenden Mehrzahl mit "what", bzw. "what for", und "why" eingeleitet werden und sicher nicht allein aus der äußeren Situation entspringen. Da nun aber dem Fragepronomen als solchem, d. h. als Funktionswort (Fries: "function word") eben doch nur der Charakter einer Hinweisung zukommt, die Opposition von "what (for)"–"why" aber bereits einen potentiellen Unterschied von dramatisch situierten Sätzen enthält, sollen die verschiedenen sprachlichen Ausformungen („Fälle") der so eingeleiteten Fragen nacheinander untersucht werden. Dabei werden sich unerwartete Einsichten in die sprachliche und semantische Tiefenschicht der Szene und darüber hinaus ergeben. Der Text ist so geschnitten, daß Anfang und Ende der Episode durch ein Fragepronomen markiert sind.

Analyse

Dave Simmonds, der in die Familie Kahn eingeheiratete Schwiegersohn Sarahs, ist zwar die treibende Kraft der Gruppe in ihrer Entschlossenheit, auf eigene Faust den Sozialismus zu verwirklichen und die Entfremdung in der Arbeit auf dem Land aufzuheben, doch entpuppt sich, wie sich später zeigt, sein Vorhaben als ein schöner Traum, an dem alt-jüdische eschatologische Hoffnung nicht unbeteiligt ist. Die Triebkräfte dieser visionären Sehnsucht sind in Sarah und, unverantwortlicher, in Ronnie personifiziert.

Fall 1: Daves Frage "What's that fire there?" signalisiert der Familie den unheimlichen Feuerschein. Die Frage ist in dramatischer Hinsicht ein kommunikativer Gestus, sie richtet sich an alle, auch an Dave selbst. Sie ist „rhetorisch" insofern, als niemand die Antwort geben kann. Die Frage ist demnach ein Hinweis auf einen unerklärten bedrohlichen Sachverhalt: sie ist ein Signal zur Aktion, denn alsbald stürzen Dave und Ada davon, um der Erscheinung „auf den Grund zu gehen".

Fall 2a: Sarahs Frage an Ronnie "What've you been up to you mad boy?" richtet sich auf das Motiv des von Ronnie unpersönlich und indirekt eingestandenen Anlegens eines Feuers im Freien, doch ist diese Frage ihrem Ton nach, der durch das Fehlen des Interpunktionszeichens vor der Anrede als rasch, zusammenhängend und ärgerlich gesprochen zu denken ist, eine Schelte, in der nicht nur nach Grund und Absicht ("up to") gefragt wird, sondern Irritation und Besorgnis über ein Verhalten schwingen, das Vorgänger haben muß, denn die Anrede "you mad boy" klingt wie ein alter Vorwurf.

Fall 2b: Sarahs direkte Entscheidungsfrage nach dem „Tatbestand" ("Have you set the barn on fire") entspringt der wiederum indirekten Auskunft Ronnies und veranlaßt ihn zu einem noch weniger auf die Frage eingehenden, unbekümmerten Ausdruck seines Entzückens über sein Erlebnis. Dies versteift und verstärkt sich.

Fall 3: Sarahs Frage an Dave und Ada "What did he do?" zeigt im Tempus des Präteritum, daß es hier um die Tat Ronnies als Ursache des gefährlichen Sachverhalts geht. Jetzt beschwichtigt Dave, der Ronnies Streich als ungefährliche Spielerei verharmlost. Sarah gesteht ihren Ärger über Ronnies gewohnheitsmäßige „Verrücktheiten" ein. Ronnies zweiter Streich beginnt jedoch sogleich. Er setzt sich im Mantel zu Essen hin.

Fall 4: Adas Frage "What are you sitting down in your raincoat for?", die nach idiomatischer englischer Gepflogenheit Fragepronomen und „Präposition" auseinanderreißt, genauer: den ganzen Inhalt einschließt, zielt, ebenfalls irritiert, auf Grund und Absicht dieses neuen Fehlverhaltens und ist im Ton der Irritation der Sarahs ähnlich, wenngleich neutraler. Ronnie kann aber offensichtlich selbst nicht die Erklärung geben.

Fall 5: Ada scheint den Sinn des Stammelns Ronnies zu verstehen, fragt aber nun direkt nach der Ursache seines Verhaltens, seinem Motiv. "Yes, yes, but why are you eating with your raincoat on?" Worauf statt einer Aufklärung durch Ronnie Sarahs Insistieren auf der „Verrücktheit" Ronnies und ihrer Ärgerlichkeit erfolgt, das in einen autoritären Befehl mündet, auf den statt Ronnie jetzt Dave, die Partei des Schwagers ergreifend, beschwichtigend und dessen Eigenwilligkeit als zulänglich begründetes Verhalten hinstellend antwortet. Diesmal reagiert Ada, indem sie Ronnie als nicht normal bezeichnet.

Fall 6+7: Dave verteidigt Ronnie, indem er das Unnormale seines Verhaltens „um des lieben Friedens willen" einräumt, sofort jedoch nun Ada nach der Ursache, dem Motiv ihrer Irritation fragt. Diese Frage ohne Fragezeichen ist wiederum eher rhetorisch und stellt eine Besänftigung Adas durch das Ausreden eines Grundes, also Motiventzug dar. Aber auch Ada insistiert auf ihrer Besorgnis, die von ihrer Seite in den autoritären Befehl an Ronnie mündet, sich normal, d. h. normgerecht zu verhalten. Ronnie antwortet − natürlich − wieder nicht.

Fall 8: Jetzt wiederholt auch Sarah, die Empörung über Ronnie schürend, ihr Lamento über sein ärgerliches unerklärliches Verhalten: "I don't know what makes him like this", mit einer abhängigen Frage, die wiederum mehr ein rhetorischer Stoßseufzer als eine echte Frage der Verzweiflung ist, die Sympathie wecken soll. Ada sekundiert ihrer Mutter und fährt Ronnie scharf an, indem sie ihn mit seinem Namen aufrüttelt. Dave geht von der Verteidigung Ronnies zum Angriff auf Sarah und Ada über, die er als von gleicher Art rügt.

Fall 9+10: Dave fragt sie: "Why don't you leave the boy alone. What harm is he doing in a raincoat", Fragen ohne Fragezeichen, die also keine echten Fragen, sondern Ausrufe des Unwillens über die lästigen Fragereien selbst sind.

Fall 11: Ada erklärt ihren Ärger für den Grund und schließt damit unlogisch einen Kreis, in dem Ursachen und Wirkungen vertauschbar sind.

Ada sucht Dave auf ihre Seite zu bringen und Ronnie zu isolieren. Jetzt beginnt Sarahs geniales pädagogisches Spiel, zunächst ebenso unerklärlich wie Ronnies unerklärliches Verhalten.

Fall 12: Dave fragt Ada, selber ärgerlich über die Trivialität der Ursache, "What's your mother up to?", ähnlich der früheren Frage (2a) Sarahs an Ronnie. Die Antwort gibt Sarahs Pantomime. Sie besagt: *Genau so komisch, ja absurd, wie es ist, wenn man beim Essen im Zimmer den Regenschirm aufspannt, der einen doch nur vor den Unbilden der Witterung unter freiem Himmel schützt, so komisch, ja absurd ist es, sich im Regenmantel zu Tisch zu setzen.* Die Pantomine besagt aber noch mehr; sie sagt: Ich, Sarah, deine Mutter, verstehe dich besser als du denkst, denn wie du verstehe ich mich auf den „Gottesscherz" (Thomas Mann), das geniale Spiel der Einbildungskraft und Phantasie, das in der Genialität altjüdischer Prophetie steckt und uns befähigt hat, die Zeiten der Verfolgung auf dieser heimatlosen Erde zu überstehen, wo wir in ständiger Angst und Sorge vor Verfolgung leben und die Abweichungen vom Maß unauffälliger Mittelmäßigkeit als Gefährdungen des Lebens erfahren. Deshalb ist die scheinbar nörgelnde Ärgerlichkeit nur der entstellte Ausdruck meiner sorgenvollen Liebe und unseres Gefühls der Zusammengehörigkeit. Ronnie reagiert auf Sarahs Spiel, wie sie es vorausgesehen hat, sie aber spielt, von der Spielfreude ergriffen, ihr Spiel zu Ende. Daves Verwunderung verwandelt sich in rückhaltloses Bewundern der „verrückten" Familie.

Fall 13: Auf Sarahs Erklärung, sie kenne ihre Kinder, gibt Dave die alles umfassende Erklärung, sie seien einander alle ähnlich, "that's why".

Die im Text erscheinenden Fragepronomina beziehen sich alle auf die Klärung einer noch ungeklärten Tatsache ("what") oder auf die unbekannte Ursache, den Grund, das Motiv eines Verhaltens oder Tuns ("why", "what for"); sie beziehen sich also auf einen Gegenstand oder auf einen Grund, der fehlt oder dem Befrager vorenthalten wird.

Beim ersten Lesen der Passage fragt sich der Leser, wenn überhaupt, ob den vielen Fragen an der Oberfläche eine gemeinsame Bedeutung, bzw. Begründung in der Tiefenstruktur eigen sein könne. Die Satz-für-Satz-Analyse hat einiges Bedeutsame über die psychologische Situation ans Licht gebracht, die die sprachlich-dramatische Gestaltung motiviert. Diese Situation enthüllt als tiefes, möglicherweise tiefstes *movens* der Familie Kahn das jüdische Schicksal eines in der Welt bedrohten, ruhe- und heimatlosen Daseins und der aus prophetischvisionärer Gabe entspringenden Hoffnung auf eine bessere Welt. (Das andere reale *movens* ist der in Dave personifizierte Drang zum wahren, menschenwürdigen, die Entfremdung von der Natur zurücknehmenden Sozialismus der Arbeit.) Was aber leistet die Analyse der sprachlichen Formen?

Das Fragepronomen ist als Funktionswort ("marker", "pointer") selbst semantisch „leer" bis auf eben diese Funktion, die den von diesem Funktionswort eingeleiteten Satz als Frage charakterisiert. Es zeigt sich aber, daß es viele Arten von Fragen gibt, in denen das Moment des Fragens mit einer Reihe anderer Momente, sei es rationaler, sei es emotionaler Natur jeweils die spezifische Art des Fragesatzes ergibt. So ist in dem Satz Daves "Why don't you leave the boy alone." der Punkt statt des Fragezeichens ein Hinweis auf den Charakter einer ärgerlichen Zurechtweisung, bei der das Fragepronomen rhetorisch verwendet ist. In zwei Fällen gar dient das Fragepronomen der Selbstaufhebung: "That's why" sagen Ada wie Dave, hörbar mit dem Ton der Selbstrechtfertigung, wenn nicht Selbstgerechtigkeit (vgl. „Warum? Darum!" der Kindersprache).

Lassen die Fälle nun ein Fazit hinsichtlich eines gemeinsamen Ursprungs in der Tiefenschicht der sprachlichen und semantischen Struktur zu? Nach der obigen Interpretation sicherlich. Zu umschreiben wäre diese gemeinsame Wurzel als das allen Familienmitgliedern, auch dem angeheirateten Dave, eigene jüdische Selbstverständnis, das durch eine das Fragen nach Tatsachen und Ursachen übersteigende Gabe für Phantasie und Prophetie gekennzeichnet ist. Keats umschreibt seine Verpflichtung auf die von ihm so benannte "Negative Capability" des Künstlers als das Gegenteil eines irritierten Suchens nach Tatsachen und Ursachen, "any irritable reaching after fact and reason".[74] Der Familie Kahn scheint aber, bis auf Ronnie, dieses irritierte Fragen und Suchen gerade eigen zu sein im Gegensatz zu einer Hinnahme des Unerklärlichen, Rätselhaften, Geheimnisvollen. Aber eben doch nur scheinbar. Der Geist der Phantasie und Prophetie, der die Wunder kennt und schaut, weil er sie schafft, ist es nicht, den es ungeduldig und ärgerlich nach Tatsachen und Ursachen verlangt: vielmehr ist es gerade die diesem Geist entgegengesetzte Sorge, die aber nur die Antwort auf die Bedrohung und Verfolgungen der

---

[74] *The Letters of John Keats, 1814 – 1821,* ed. H. E. Rollins, 2 vols. Cambridge: University Press, 1958, I, S. 193.

heimatlosen jüdischen „Wanderer" ist; und so ist es denn letztlich
nicht die angestammte visionäre und spielerische Genialität, sondern
die unverständige und bedrohliche Welt, die die Fragen der Kahns
verursacht, die — und das ist zugleich ein Urteil über den Autor —
sich als die dialektischen Ausdrucksformen der Unruhe und Sorge
seiner Personen, als existentielle Modi jüdischen Weltschicksals also
erweisen.

9. Leistung der Tempusformen Perfekt und Praeteritum
(Edward Bond, *Lear* III,3 [75])

CORDELIA *and the* CARPENTER *come in.*
CORDELIA. Lear. (*She holds* LEAR's *hand for a moment.*)
    I've brought my husband.
LEAR. You've been to the house? Did it upset you?
CORDELIA. No. I wanted to see it.
LEAR. Are you well?
CORDELIA. Yes. And you? D'you need anything?
LEAR. No.
CORDELIA. I came because the cabinet wants you to be tried.
    There could only be one sentence. Your daughters were killed.
    And it's clear there's no real difference between you and them.
LEAR. None.
CORDELIA. You were here when they killed my husband. I watched
    them kill him. I covered my face with my hands, but my fingers
    opened so I watched. I watched them rape me, and John kill
    them, and my child miscarry. I didn't miss anything. I watched
    and I said we won't be at the mercy of brutes anymore, we'll
    live a new life and help one another. The government's creating
    that new life — you must stop speaking against us.
LEAR. Stop people listening.
CORDELIA. I can't. You say what they want to hear.
LEAR. If that's true — if only some of them want to hear —
    I must speak.
CORDELIA. Yes, you sound like the voice of my conscience.
    But if you listened to everything your conscience told you
    you'd go mad. You'd never get anything done — and there's a
    lot to do, some of it very hard.
GHOST. Tell her I'm here. Make her talk about me.
LEAR: Don't build the wall.

---

[75] London: Eyre Methuen, 1972 (Paperback), S. 82ff.

CORDELIA. We must.

LEAR. Then nothing's changed! A revolution must at least reform!

CORDELIA. Everything *else* is changed!

LEAR. Not if you keep the wall! Pull it down!

CORDELIA. We'd be attacked by our enemies!

LEAR. The wall will destroy you. It's already doing it.
How can I make you see?

GHOST. Tell her I'm here. Tell her.

CARPENTER. We came to talk to you, not listen. My wife wants to tell you something.

LEAR. She came like the rest! And she'll listen like the rest! I didn't go out of my way to make trouble. But I will not be quiet when people come here. And if you stop them — that would be easy! — they'll know I'm here or was here *once*! I've suffered so much, I made all the mistakes in the world and I pay for each of them. I cannot be forgotten. I am in their minds. To kill me you must kill them all. Yes, that's who I am. Listen, Cordelia. You have two enemies, lies *and* the truth. You sacrifice truth to destroy lies, and you sacrifice life to destroy death. It isn't sane. You squeeze a stone till your hand bleeds and call that a miracle. I'm old, but I'm as weak and clumsy as a child, too heavy for my legs. But I've learned this, and you must learn it or you'll die. Listen, Cordelia. If a God had made the world, might would always be right, that would be so wise, we'd be spared so much suffering. But we made the world — out of our smallness and weakness. Our lives are awkward and fragile and we have only one thing to keep us sane: pity, and the man without pity is mad.

The GHOST *starts to cry as* CORDELIA *speaks.*

CORDELIA. You only understand self-pity. We must go back, the government's waiting. There are things you haven't been told. We have other opponents, more ruthless than you. In this situation a good government acts strongly. I knew you wouldn't co-operate, but I wanted to come and tell you this before we put you on trial: we'll make the society you only dream of.

LEAR. It's strange that you should have me killed, Cordelia, but it's obvious you would. How simple! Your Law always does more harm than crime, and your morality is a form of violence.

CORDELIA (*to* CARPENTER). The sooner it's finished now the better. Call a cabinet for the morning.
  CORDELIA *and the* CARPENTER *go out.*

Shakespeares *King Lear* ist die Tragödie des maßlosen Zorns, der zum Wahnsinn führt, in dem der Sinn erst erkennbar wird; ist auch die Tragödie der Blendung, die erst den Blinden wahrhaft sehend macht. Bonds Stück *Lear* teilt mit dem shakespeareschen Stück den Gedanken der durch Grausamkeit und Gewalt bewirkten paradoxen Erkenntnis, daß Blindheit sehend macht. Bond sieht die heute herrschende Grausamkeit und Gewalt ("violence") als notwendige Folge von Aggression, die er als ,,Fähigkeit" ("ability"), nicht ,,Notwendigkeit" ("necessity") beurteilt, da sie durch nicht notwendigerweise den Menschen von sich selbst entfremdende Verhältnisse verursacht sei. Über die seinem Stück innewohnende Absicht sagt Bond: ". . . I have not tried to say what the future should be like, because that is a mistake. If your plan of the future is too rigid you start to coerce people to fit into it. We do not need a plan of the future, we need a *method* of change." (Author's Preface, *a. a. O.,* p. XIII)

Bonds Lear ist zunächst ein blind dem Mythos der Macht und der abergläubischen Angst vor ihr anhängender Herrscher, der, obwohl geblendet, durch unsagbares Leiden sehend geworden, den Entschluß zum Neubeginn, zum Abtragen der ,,Mauer" faßt, des dramatischen Symbols der Macht und Angst. In der 3. Szene des III. Aktes erscheint ihm zunächst der Geist des Totengräbersohns, den Bond als Sinnbild der Erinnerung an zwangsläufig wiederdurchzulebende Vergehen der menschlichen Gattung verstanden wissen will und dessen geschändete, ihres Kindes grausam beraubte Frau jetzt als Cordelia zusammen mit ihrem Mann, dem Zimmermann, als Anführerin der Revolutionsregierung auftritt, vor der Lear sich zu verantworten haben wird. Die ausgewählte Szene zeigt Lear in der Konfrontation, d. h. in einem ausweglosen Gegenüberstehen, mit Cordelia, die nur im weiteren symbolischen Sinne seine Tochter ist, und ihrem Gefährten. Lear ist unerschütterlich in seiner neuen Sicht einer Menschlichkeit jenseits der Gewalt, aber auch jenes menschlichen Rechts, das Cordelia und der Zimmermann gegenüber der nackten und brutalen Gewalt vertreten; Cordelia ist unnachgiebig in ihrer fanatischen Befangenheit im Glauben an Moral und jenes Recht, dem sie auch ihre persönliche Anhänglichkeit an Lear opfert. Lear wird später bei der Abtragung der Mauer getötet, die er allein, aber unbeugsam

in seiner neuen Gewißheit der Wahrheit unternimmt.
Über den Unterschied zwischen dem englischen Präteritum und Perfekt — also etwa zwischen den Sätzen "I came to see you" und "I have come to see you" — sagt Ernst Leisi: „Während das Perfekt im Deutschen und Französischen vielfach mit andern Formen wechseln kann . . . , ist das englische Perfekt eine Form mit streng geregelter, unverwechselbarer Funktion. Sowohl das Präteritum als das Perfektum stehen für einen Vorgang der Vergangenheit; der Unterschied liegt darin, daß ihn das Präteritum auf die Vergangenheit, das Perfektum auf die Gegenwart bezieht. Dies ergibt für das Perfektum folgende Anwendungen. 1. Es steht für einen Zustand oder Vorgang, der in der Vergangenheit begonnen hat, aber gegenwärtig noch fortdauert . . . 2. Das Perfektum steht für einen Vorgang, der zwar ganz der Vergangenheit angehört, dessen Wirkung aber in der Gegenwart fortdauert . . . 3. Es steht für einen Vorgang, der zwar ganz der Vergangenheit angehört, den man aber als ein mehr oder weniger zeitloses Faktum erblickt. Daraus ergibt sich, daß das perfect nie zusammen mit der Angabe eines Zeitpunktes stehen kann; auch wo eine bestimmte Zeit nur impliziert ist, muß das preterite (past) stehen . . . Das englische Perfektum ist neben der progressiven Form die größte Schwierigkeit des englischen Verbs für den Ausländer; innerhalb der englischen Sprache aber bedeutet es eine Bereicherung, indem es den Blickpunkt genau festlegt und in vielen Fällen den Gebrauch von Adverbien erspart." [76]
Nach der Leisi'schen Deutung liegt der Unterschied zwischen den beiden englischen Formen der Vergangenheit darin, daß der vergangene Vorgang im Falle des Präteritums nur auf die Vergangenheit, im Falle des Perfekts auch auf die Gegenwart bezogen ist, was übrigens die Unsinnigkeit der Nomenklatur erweist. Wenn aber dann von Leisi drei Variationen des von der Norm der deutschen und französischen Sprache abweichenden englischen Perfekts beschrieben werden, so ergibt sich aus dem Vergleich der drei englischen Spielarten, daß in jedem Fall ein Vorgang *als in der Vergangenheit seinen Anfang genommen habend* beurteilt wird. Stimmen Leisis Definitionen, so ist das entscheidende Kriterium, daß im englischen Perfekt ein vergangener Vorgang als noch in seiner Auswirkung spürbar sprachlich gestaltet wird. Wenn aber der Bezug der Vergangenheit des gestalteten Vorgangs zur Gegenwart der Kommunikationslage des Sprechers und des Angesprochenen wesentliches Moment der Form ist, dann liegt

[76] *Das heutige Englisch*, S. 131 f.

nicht Tempus im Sinne einer Feststellung der Handlung als vergangener auf der objektiv gedachten Zeitskala vor, sondern ein „Aspekt". Demgegenüber wäre das englische Präteritum ein Tempus, das einen Vorgang als abgeschlossen, als vergangen und damit als „Tempus" auf der Zeitskala beurteilt.

Daß diese Unterscheidung von „Aspekt" und „Tempus" eine Konstruktion ist, die durch die Sprachpraxis widerlegt wird, zeigt die angezogene Textstelle. Eine nähere Untersuchung des Szenenabschnitts kann, indem sie die Sinnauslegung des Textsegments und damit des ganzen Stücks als eines literarischen Kontexts befördert, zugleich auch eine die linguistische Theorie wenn nicht erweiternde, so doch überprüfende Wirkung haben.

Wenn Cordelia bei ihrem Erscheinen zu Lear sagt: "I've brought my husband", so ist die Reduktionsform ("I've brought") immer noch hinreichend als „Perfektum" erkenn- und verstehbar. Nach der eingangs mit Rückgriff auf Leisi formulierten These dauert die Wirkung eines in der Vergangenheit begonnenen Vorgangs in der Gegenwart an. Diese Deutung bedarf nun aber im Hinblick auf das Drama einer Modifizierung und Differenzierung; denn die Strukturierung der Sätze, die ja den Modus der Kommunikation bestimmt, geschieht im Drama durch die handelnden Personen und damit im dialogbedingten Wechsel des Stand- bzw. Sprechpunktes. Bei dem dramenkonstitutiven prinzipiellen Antagonismus der Dialogpartner ist deshalb zu erwarten, daß die situationsbezogene Deutung einer sprachlichen Form wie der des Präteritums oder Perfekts nicht notwendigerweise prinzipiell für alle Fälle der gleichen Formverwendung gilt, vielleicht nicht einmal für die allgemeine Grundentscheidung „hie Aspekt – hie Tempus". Die Bestätigung dieser Vermutung ist nun aber wieder abhängig von einer anderen Voraussetzung, nämlich der, daß im Drama, wie auch überhaupt in sprachlich-literarischen Kunstwerken, „Erfahrungen" im Sinne von konstruierten Einheiten von erfahrenen bzw. erfahrbaren Sinnzusammenhängen überhaupt da sind, nachvollzogen werden und als Kriterien der kritischen Analyse einzelner sprachlicher und stilistischer Formen und Funktionen des Textes dienen können. Bestünde nämlich eine Möglichkeit der Erfahrbarkeit gestalteter Erfahrung nicht, so wären sprachlich-stilistische Analysen bloße tautologische Identifikationsspiele.

Wenn Cordelia sagt: "I've brought my husband", so sagt sie damit offenbar, daß sie in der Vergangenheit den Entschluß faßte, ihren Mann mitzubringen und daß er jetzt auch da ist. Lear fragt sie nun mit vorbereiteter Antwort: "You've been to the house?" und bekundet damit sein Interesse an der gegenwärtigen Wirkung des unterstellten, in der Vergangenheit vollzogenen Vorgangs, nicht an dem vollzogenen Vorgang als solchem. Er fügt aber hinzu: "Did it upset you?", womit er nun gerade nicht die Wirkung und Nachwirkung, sondern den Schockmoment der vergangenen Erfahrung meint, den er Cordelia unterstellt. Cordelia antwortet: "No. I wanted to see it." Sie entspricht damit der Erwartung Lears nicht, sondern läßt zugleich mit dem Antagonismus ihrer Rolle zu Lears Position erkennen, daß sie gegen jede Überraschung ihres Empfindens durch ihren eigenen Entschluß und Willen gefeit ist. Ein unheimliches Moment von starrer und für Lear gefährlicher Entschlossenheit macht sich bereits bemerkbar in diesem Präteritum des Wollens. Auf Lears freundlich-fürsorgliche Frage nach ihrem Befinden antwortet sie mit scheinbar fürsorglicher, in Wirklichkeit aber nur perfunktorischer Routine-Gewissenhaftigkeit: "D'you need anything?". Lear, der die Hohlheit der Phrase angesichts seiner grenzenlosen Bedürftigkeit erkennt, antwortet: "No." Lear hat seine Gegner erkannt.

Cordelia sagt nun: "I came because the cabinet wants you to be tried." Da sie als Grund einen zeitlich nicht begrenzten Entschluß ihres Regierungskabinetts angibt, einen einmal in der Vergangenheit gefaßten, aber in der Gegenwart und überhaupt zeitlos gültigen Entschluß, nimmt es wunder, daß Cordelia ihr durch jenen Entschluß motiviertes Kommen nicht im Perfektum formuliert, das doch der angemessene Aspekt von der Vergangenheit zur Gegenwart wäre. Zwei Möglichkeiten der Deutung bieten sich an: Entweder bedeutet "came" gar nicht Beschränktsein des Vorgangs auf zeitliche Vergangenheit, sondern Beziehungssetzung von Vergangenheit zu Gegenwart im semantischen Gehalt und damit durch die spezifische „Aktionsart" (englisch "aspect") des Verbs "to come" = „kommen", oder aber "came" enthält die in der Semantik der Tempusform begründete Bedeutung "I decided to come". Ich neige zur letzten Deutung, weil sie zum Tenor der ganzen Passage paßt und durch die weiteren Zeit- und Aspektformen der Verben bestätigt wird.

Denn im folgenden spricht Cordelia durchgehend im Präteritum. Sie sagt: "You were here when they killed my husband". Das Präteritum weist zurück auf das Grauen eines vergangenen Vorgangs, den Cordelia erlebte und durchlitt, dem aber auch Lear als Zeuge ihres Erlebens und

Leidens beiwohnte. Das unmenschliche Leiden wird aber nicht artikuliert, es scheint in der damaligen Lage sich in Cordelias Entschluß verschlossen zu haben. Sie sagt: "I watched them kill him. I covered my face with my hands, but my fingers opened so I watched. I watched them rape me, and John kill them, and my child miscarry. I didn't miss anything. I watched and I said we won't be at the mercy of brutes any more ..."
Das durchgängige Präteritum hat eine eigentümliche Wirkung; es *isoliert* den Vorgang in der Vergangenheit und reduziert ihn auf eine Beobachtung, in der das Unmenschliche des Vorgangs jede menschliche Regung abgetötet hat. Denn trotz höchster Betroffenheit scheint das Bewußtsein sich in jener vergangenen Situation mit klinischer Unerbittlichkeit auf die schrecklichen Vorgänge konzentriert zu haben, um aus der schon transhumanen Situation heraus den einen eisernen Entschluß zu fassen, in Zukunft die Wiederholung solcher Vorgänge zu verhindern, ohne Rücksicht nun wiederum auf die dazu unumgänglichen Mittel und Methoden, die selbst Inhumanität nicht ausschließen. Daß Cordelia solche Überlegungen oder Regungen tatsächlich anstellt oder an sich bemerkt geht aus ihrem Zugeständnis an Lear hervor, dessen Plädoyer für Meinungs- und Redefreiheit ("if only some of them want to hear — I must speak") ihr wie die Stimme ihres eigenen Gewissens erscheinen will, das sie um des Ziels willen, das sie sich gesteckt hat, beschwichtigt, wenn nicht unterdrückt hat. Das Ziel Cordelias, ihr einst durch die grauenvollen Verhältnisse abgepreßter Entschluß, ist zu einem „Muß" für sie geworden, einem Imperativ, gegen den sie, nachdem er von ihr „verinnerlicht" ist, selbst nicht mehr angehen könnte, wenn sie auch wollte. Für Lear bedeutet diese Haltung, daß der Entschluß zur Revolution unter solchen Bedingungen alles beim Alten beläßt.

Das Präteritum der Rede Cordelias aber gewinnt im Lichte der obigen Deutung ein Sinnmoment, das in seiner Struktur angelegt ist, aber erst in dieser Situation ausgedrückt wird: Der auf die Vergangenheit bezogene in Einzelphasen aufgeteilte Vorgang ("I watched them ...", "I covered my face ...", "my fingers opened so I watched", "I watched them ...", "I watched and I said ...") ist als ein enormem Leiden abgepreßter Entschluß von höchster und aus der Höhe der Enormität, des Außer-der-Norm-Seins, nicht mehr herabzuholender Entschluß zu verstehen, dessen Wirkungen in nichts anderem mehr bestehen können als der Durchsetzung dieses ein für allemal gefaßten Beschlusses. Daher berührt auch das Präteritum in der Rede Cordelias wie ein kalter Hauch, weil sie sich um der Durchsetzung der Menschlichkeit willen einer menschlichen Ungerührtheit befleißigt, die, wie Lear weiß, selber in Unmenschlichkeit endet.

Lear selber stimmt aber diesem Weg nicht zu, der, wie er erkannt hat, falsch, aporetisch ist. Aber zunächst muß er die Konfrontation mit Cordelias Mann, dem Zimmermann, bestehen. Der Zimmermann sagt: "We came to talk to you, not listen" und bekundet damit den in der Vergangenheit gefaßten Entschluß, der ihn, Cordelia und die Regierung in restringierender Weise unter den von ihnen selbst beschlossenen Imperativ unrührbarer, ja unerreichbarer Selbstisolation stellt und der deshalb so kalt und gefährlich wirkt, weil das im vergangenen Entschluß noch lebendige Gewissen nicht mehr lebt.

In schöner, diese Sachlage ignorierender Gläubigkeit an die Menschlichkeit als die allen Menschen eigene Natur, d. h. Verhaltensweise sagt Lear: "She came like the rest!" und hebt das Verhängnis, das Cordelia über sich gebracht hat und auch über Lear als Individuum bringen wird, auf durch die von ihm erhoffte oder geahnte zukünftige Solidarität Cordelias mit den hörenden, auf die lebendige menschliche Wahrheit hörenden Menschen. In seiner Rede an Cordelia stellt er sich in voller Überzeugtheit als Beispiel des Leidens um der künftigen Menschheit willen hin: "I've suffered so much", sagt er, und das „Perfektum" hat seine unabsehbaren Folgen; "I made all the mistakes", fügt er gleich hinzu, und das „Präteritum" hat für ihn keine Folgen mehr, da er ja infolge seiner Fehler ein Anderer, ein Verwandelter ist. Und er sagt, nachdem er Cordelia als unausweichliche Folge ihrer Haltung und ihres Tuns die Zerstörung der Wahrheit zusammen mit der Lüge prophezeit, die Worte, die Erfahrung und ihre lebendige Wirkung beschreiben: "But I've learned this, and you must learn it or you'll die." Dieses Lernen ist das Lernen von „Mitleid" ("pity").

Nichts könnte deutlicher machen, daß Cordelia in ihrem aus höchstem Leiden herausgepreßten Entschluß, die Gesellschaft zu schaffen, von der auch Lear, wie sie sagt, träumt, unerschütterlich ist, als ihre Worte, die bestätigen, daß sie in ihrem Entschluß zu kommen bereits die perfunktorische Rhetorik benutzt, die mit der Ablehnung der Forderung rechnet, rechnen muß und auch rechnen will: "but I wanted to come and tell you this before we put you on trial: we'll make the society you only dream of"; nichts könnte aber auch deutlicher machen als diese Fügung "I wanted to come" an dieser Stelle, wo sie etwa besagt „Ich habe lediglich kommen wollen", daß das englische Präteritum in situierten Sätzen wie denen der 3. Szene des III. Aktes in Bonds *Lear* eine Ausdruckspotenz besitzt, die gar nicht anders als in den feinfühligen

Anwendungen sprachkompetenter Schriftsteller und in möglichst angemessenen sprachlich-stilistischen Interpretationen realisierbar ist. Damit ist zugleich aber auch gesagt, daß Bond ein solch feinfühliger Meister der Verwendung der englischen Sprache ist, und da seine Botschaft ganz offen die einer radikalen Veränderung, aber einer des Menschen ist, ohne die keine gesellschaftliche Reform Aussicht auf Erfolg hat, kann vermutet werden, daß sprachliche Differenziertheit als Können und Erkennen wahrheitsfördernd und dadurch auch „gesellschaftlich relevant" ist.

Lyrik

10. Leistung des Satzgefüges
(T. S. Eliot, *The Cultivation of Christmas Trees*[77])

1   There are several attitudes towards Christmas,
Some of which we may disregard:
The social, the torpid, the patently commercial,
The rowdy (the pubs being open till midnight),
5   And the childish — which is not that of the child
For whom the candle is a star, and the gilded angel
Spreading its wings at the summit of the tree
Is not only a decoration, but an angel.
The child wonders at the Christmas Tree:
10   Let him continue in the spirit of wonder
At the Feast as an event not accepted as a pretext;
So that the glittering rapture, the amazement
Of the first-remembered Christmans Tree,
So that the surprises, delight in new possessions
15   (Each one with its peculiar and exciting smell),
The expectation of the goose or turkey
And the expected awe on its appearance,
So that the reverence and the gaiety
May not be forgotten in later experience,
20   In the bored habituation, the fatigue, the tedium,
The awareness of death, the consciousness of failure,
Or in the piety of the convert
Which may be tainted with a self-conceit
Displeasing to God and disrespectful to the children
25   (And here I remember also with gratitude
St. Lucy, her carol, and her crown of fire):
So that before the end, the eightieth Christmas
(By "eightieth" meaning whichever is the last)
The accumulated memories of annual emotion

---

[77] T. S. Eliot, *The Cultivation of Christmas Trees*. New York: Farrar, Straus and Cudaky, s. d.; auch in: *Collected Poems 1909–1962*. London: Faber & Faber, 1974.

30 May be concentrated into a great joy
   Which shall be also a great fear, as on the occasion
   When fear came upon every soul:
   Because the beginning shall remind us of the end
   And the first coming of the second coming.

Die Interpretation dieses scheinbar leicht verständlichen späten Gedichts T. S. Eliots diene der Demonstration, daß unter den Mitteln, die die Struktur des Gedichts bestimmen und die damit auch den Stil als dessen einheitlich-charakteristisches Gepräge formen, der Syntax, dem Satzbau, besondere Bedeutung zukommt.

Um jedoch die Demonstration dieser Leistung des Satzgefüges für den Stil nicht im leeren Raum zu beginnen, sei der Inhalt des Gedichts, soweit er sich rational paraphrasieren läßt, für die gezielte Analyse aufbereitet.

In seinem Essay "The Function of Criticism"[78] sagt Eliot mit Bezug auf zwei entgegengesetzte Positionen im literarkritischen Parteikampf, man könne eben nicht beide gleichzeitig einnehmen, sondern müsse sich für eine entscheiden. Kenntnis und selbst Verständnis der entgegengesetzten Position würden gefordert; aber wenn man die verschiedenen Einstellungen zu einer Frage zwar *verstehen* könne, so könne man doch nur für eine Seite, seine eigene Seite *einstehen*. Kardinal Newmans Begriff „assent"[79], der Verpflichtung auf eine geistige und geistliche Position durch einen Akt der Zustimmung, ist hier im Spiel. Im Spiel ist aber auch eine weltweite, viele mögliche Positionen erkennende und umfassende Katholizität.

Mit einer solchen umfassenden Geste beginnt das Gedicht. Es gibt, so sagt er, verschiedene Einstellungen Weihnachten gegenüber. Doch wird dieses Eingeständnis auch sogleich wieder eingeschränkt: einige dieser Haltungen, heißt es, scheiden gleich aus, weil sie der einen, die der Sprecher befürwortet, nicht angemessen sind: die soziale, die lethargische, die offensichtlich kommerzielle, die lärmende (dies löst eine scheinbar sachliche, im Zusammenhang jedoch kritisch wirkende Seitenbemerkung aus: in England sind am Heiligabend die Gaststätten bis Mitternacht geöffnet) und die kindische.

---

[78] T. S. Eliot, *Selected Essays*. London: Faber & Faber, 1932, repr. 1953, S. 26.
[79] John Henry Cardinal Newman, *A Grammar of Assent*.

Die Erwähnung dieser ebenfalls zu ignorierenden „kindischen" Haltung dem Weihnachtsfest gegenüber führt über einen Gedankenstrich — als Zeichen eines Gedankensprunges — hin zu dem in der Negierung der kindischen, nämlich falschen kindlichen Haltung sich zeigenden echt kindlichen, kindhaften Verhalten, für das der Weihnachtsschmuck nicht bloßer Schmuck, sondern eine Welt des Wunders und eine fromme Wirklichkeit ist.

Mit der gedanklichen Methode der Verneinung des Negativen um der Gewinnung des Positiven willen, der Methode der Eliminierung des Irrelevanten, wie sie charakteristisch in den *Four Quartets* angewendet ist [80], wird jetzt die erwünschte und bejahte Einstellung eingenommen: die kindliche, die in den weihnachtlichen Schmucksymbolen wunderbare Wirklichkeiten erblickt — in der Kerze einen Stern (der Stern von Bethlehem wird suggeriert) und in dem Rauschgold-Engel an der Spitze des Tannenbaumes einen wirklichen Engel (der Engel der Verkündigung wird suggeriert). Stern und Engel sind hier Korrelate kindlichen Staunens; sie sind begründet durch die christliche Tradition, die sie vermitteln: die Tradition des Evangeliums. Deshalb ist die Haltung des Kindes im Angesicht des Weihnachtsbaumes die des Sich-Wunderns, das zunächst ein kindlich-naives Stimmungserlebnis ist, in dem jedoch, ihm selbst kaum bewußt, das Wunder der Weihnacht sich ereignet.

Hier wechselt der Ton. Die schlichte Feststellung, das Kind „wundere sich" über den Weihnachtsbaum, öffnet sich zu einer anderen Tonart, einem anderen Modus der Rede und des Denkens: der Ton der sachlich auswählenden, ausscheidenden Suche nach der richtigen Haltung Weihnachten gegenüber geht über in den Ton des Appells, der Aufforderung und Mahnung, das Kind in diesem Geist des Wunders (aus dem „Sich-Wundern" ist das „Wunder" geworden!) zu erhalten und das Fest nicht zum bloßen Vorwand für anderes zu machen, damit das Staunen, die Überraschungen und Geschenke, die Erwartung guter Dinge, die Ehrfurcht und Heiterkeit angesichts des ersten Weihnachtsbaumes wach bleibe in allen späteren Trübungen und Erfahrungen, — der Erfahrung der Gewöhnung, der Ermüdung, der Langenweile, der Todesgewahrung, des Bewußtwerdens des Scheiterns, in der noch von

---

80 Vgl. z.B. "Burnt Norton", III, 2. Motiv, "World not World, but that which is not world" (T. S. Eliot, *Four Quartets*. London: Faber & Faber, 1944, repr. 1947, S. 11.)

Überheblichkeit durchsetzten Frömmigkeit des Bekehrten, die Gott unwohlgefällig ist (der Ton ist der unzweifelhafter orthodoxer Gläubigkeit) und den Kindern gegenüber unehrfürchtig (der Gedanke der Unehrfürchtigkeit enthält dialektisch den der Ehrfürchtigkeit und kindlichen Dankbarkeit und assoziiert den schwedischen Brauch, die Hl. Lucia durch ein Kind mit Kerzenkrone darzustellen), damit — so geht die Mahnung und Ausmalung des Wunschziels weiter — am letzten Weihnachtstage des Lebens die gesammelte Macht der Erinnerungen der alljährlichen Weihnachtsempfindung sich zu großer Freude verdichten kann, die zugleich eine große Furcht ist (die Furcht der Hirten auf dem Felde, aber auch die Furcht aller angesichts des Todes, des Kindes, aber auch jedes einzelnen Menschen). Diese Gleichheit von Freude und Furcht hat ihren Grund darin, daß der Anfang, die Geburt Christi, an das Ende, seinen Kreuzestod, aber auch an die verheißene Wiederkunft am Jüngsten Tag erinnert.

So weit die — natürlich ungenaue und unbefriedigende — Paraphrase, deren Rechtfertigung allein die ist, daß sie die Aufbereitung des Gegenstandes für eine weitere interpretatorische Behandlung ist.

Was kann nun eine syntaktische Analyse, eine genaue Untersuchung der Satzfügung zur Erhellung des Stilcharakters und damit zur Bereicherung der Einsicht in die Ausdrucks- und Wirkungskraft der Sprache des Gedichts beitragen?

Der Aufbau des Gedichts geschieht durch die syntaktische Fügung der Sätze und Satzteile und in ihr durch die von der Sprachstruktur gelenkte logische Fügung der Gedankenteile. Das ganze Gedicht besteht, so betrachtet, aus zwei Sätzen, bzw. Satzgefügen, genauer gesagt: aus dem Titel und dem 34 Zeilen umfassenden Text, in dem der erste Satz die Verse 1–8, der zweite die Verse 9–34 umfaßt.

Das 1. Satzgefüge beginnt mit einem Hauptsatz (v. 1). Von diesem ist ein Nebensatz (Relativsatz) abhängig (v. 2). Der Doppelpunkt am Ende dieses Relativsatzes öffnet den Satz und den Gedanken in explikativer Funktion für die folgenden fünf appositiven Objekte, deren viertes (v. 4) durch eine Klammer parenthetisch-asyndetisch erläutert, deren fünftes (v. 5) nach einer durch Gedankenstrich bezeichneten gedanklichen Pause durch einen Relativsatz erweitert ist, in dem das Beziehungswort "childish" mit negierend-analysierender Paraphrase erscheint, so, daß der Relativsatz zunächst die negative Bestimmung des Wortes "childish" gibt, jedoch das Grundwort "child" als positives Zentrum einer weiteren

positiven Bestimmung bestehen läßt; dies geschieht durch einen weiteren, doppelten Relativsatz (v. 6-8), dessen zweiter Teil zunächst wiederum eine negative, dann eine positive Bestimmung gibt. Das gedankliche Verfahren ist durchgängig das der Negation, die zur Positivität hinführt; sein syntaktisches Korrelat ist die unausgesprochene, bzw. ausgesprochene und qualifizierte Adversativkonstruktion (v. 5: "not that..."; v. 8: "not only... but...").
Das 2. Satzgefüge beginnt wieder mit einem Hauptsatz (v. 9). Er öffnet sich mit dem Doppelpunkt, diesmal nicht in explikativer, sondern adhortativer Funktion; denn der nächste Hauptsatz (v. 10) ist ein Aufforderungssatz, der die Aussage in einen Appell verwandelt. (Während der 1. Hauptsatz (v. 9) den Charakter eines Zitates oder einer Schriftlesung hat, hat der 2. Hauptsatz (v. 10) den einer Exegese oder ermahnenden Auslegung.) Der 2. Hauptsatz (v. 10) enthält wieder eine scheinbar negative Bestimmung (v. 11), die sich aber in Wirklichkeit aufhebt ("not accepted as a pretext"); von ihm sind abhängig zahlreiche, z. T. unvollständige, z. T. unterbrochene Finalsätze (v. 12 ff.), von deren drittem wiederum ein Relativsatz (v. 23) abhängt. Ein Doppelpunkt am Schluß der Periode des 3. Finalsatzes (v. 26) resümiert die finalen (An-) Sätze in einem letzten Finalsatz, der − wie die vorangehenden zugleich Wunschsatz − einen erläuternden Relativ- und Wunschsatz nach sich zieht (v. 31), von dessen adverbialer Bestimmung (v. 31 "as on the occasion") ein Temporalsatz abhängt (v. 32). Ein weiterer Doppelpunkt am Ende dieses Finalsatzes (v. 32) öffnet das Ganze des vorangegangenen Gefüges diesmal in kausal begründender Funktion auf einen kausalen Nebensatz hin, dessen Prädikat Gebotscharakter ("shall...") hat.

Welche Folgerungen können aus der syntaktischen Analyse gezogen werden?

Der ganze Gedichttext besteht aus zwei Satzgefügen (sentences). Das erste Satzgefüge gliedert sich in einen apodiktisch-prädizierenden Hauptsatz, von dem ein Nebensatz abhängig ist, dessen Objekt in mehrere Bestimmungen zerfällt, aus denen eine als relevant ausgesondert wird, dessen Subjekt aber wiederum durch einen Nebensatz näher bestimmt wird. Das syntaktisch gliedernde Verfahren ist demnach eine vierstufige Deszendenz in der hypotaktischen Hierarchie. Das zweite Satzgefüge gliedert sich in einen apodiktisch-prädizierenden Hauptsatz, dem ein zweiter, adhortativer Wunschsatz folgt, von dem vier finale Nebensätze abhängen, deren erste zwei elliptisch, d. h. ohne Prädikat sind, von denen die letzten jeweils durch eine parenthetische Klammer unterbrochen sind und deren allerletzter zu einem kausalen Nebensatz überleitet, der jedoch vom regierenden (zweiten) Hauptsatz abhängig ist. Obwohl die vier Finalsätze gleichrangig sind, erscheint ihre Folge zugleich als Abfolge und in sich gestufte Deszendenz bis zum abschließenden Kausalsatz, der auf den Anfang des Satzgefüges zurückverweist.

Wie ist nun aber dieses syntaktische Muster, das, wie jede Struktur, an sich schon eine potentielle, funktionale Bedeutung hat, durch spezifische Sachgehalte „aufgefüllt" und mit Hilfe ästhetischer Mittel zu ausdrucksmäßiger Wirkung gebracht?

Das Gedicht hat den Charakter eines Lehrgedichts: der Titel scheint im Sinne dieser klassischen Gattung eine Frage der Baumkultur zu behandeln. Doch ist der Begriff "cultivation" zweideutig, ja bereits wieder eindeutig, denn nicht so sehr das Aufforsten von Tannenbäumen, als vielmehr die Pflege des Weihnachtsbaumes als eines Symbols religiöser Frömmigkeit und Glaubensbeständigkeit ist gemeint. Die Belehrung geschieht in unauffälliger, behutsamer Weise, zunächst durch Eliminierung der als unrichtig erachteten möglichen Haltungen dem Weihnachtsfest gegenüber — die Aufzählung ist bereits die Eliminierung! —, die nur eine einzige als richtig und wichtig gelten läßt, die des Kindes, das in den Schmuckfiguren des Weihnachtsbaumes — zweite Eliminierung — nicht den Putz, sondern die heiligen Dinge selbst sieht: Stern (von Bethlehem) und Engel (der Verkündigung).

So deutlich, so dogmatisch christlich ist nun allerdings das Gedicht nicht, wie es diese Deutung suggeriert. Es läßt das Allgemeine, die christliche Heilsbotschaft und ihre eschatologische Perspektive sich nicht theologisch verselbständigen und über das Besondere, die kindliche Weihnachtsfreude und seine Fähigkeit des echten Wunderns, hinauswachsen. Vielmehr ist alles darauf angelegt, den im Anfang angeschlagenen Ton der Wundergabe des Kindes als eine echte fromme Haltung durch die Verse, die verkürzt den Gang des Lebens nachzeichnen, zu erhalten, um sie am Schluß als die wahre Glaubenshaltung zu erklären. Das Allgemeine, die wunderbare Kraft des Evangeliums, das vom Menschen das gläubige Gemüt des Kindes fordert, ist bereits im Staunen des Kindes angesichts des Weihnachtsbaumes, der Kerze und des Engels wirksam, und alle erfreulichen Eindrücke, seien sie noch so leiblich-genußreicher Art, sind Bestätigungen und Bestärkungen der Erfahrung der großen Weihnachtsfreude und helfen dem Menschen über spätere trübe und schlechte Zeiten hinweg. Nicht wird also die Lehre vom Dogma her gefaßt, sondern von der kindlichen Haltung, die durch das Kultivieren des Weihnachtsbaumes selbst kultiviert, gepflegt und gefördert wird.

Ist nun aber angesichts dieses Sinngehalts die ganze syntaktische Fügung der zweiten Satzperiode, die aus dem Imperativ "let . . ." und einer Reihe von abhängigen Folgerungen mit dem Charakter des Zwecks und der Absicht besteht ("So that . . . So that . . . So that . . . So that . . . ") vielleicht nicht nur ein logischer Vorwand, ein hypotaktisches Scheingebilde, das in Wirklichkeit nur den Ablauf eines frommen Lebens „von der Wiege bis zu Bahre" *sub specie christianitatis* darstellen soll? Kommt der Art der logischen Verknüpfung und auch der weniger logischen Unterbrechungen durch Parenthesen in Klammern eine spezifische, ausdrucksförderliche Bedeutung zu?

Schien anfangs das logisch-syntaktische Gerüst wichtig und sinnbestimmend, so mochte bei Einstellung auf den lexikalisch-semantischen Gehalt jetzt der lebens- und heilsgeschichtliche Ablauf, der sich im Gedicht abzeichnet, bestimmend sein. Aber in diesem Ablauf vom Kindesalter bis zum Greisenalter (vom ersten bis zum achtzigsten, d. h. letzten Weihnachtsfest eines Menschendaseins im Sinne eines christlichen Lebens) ist das logisch-syntaktische Schema des Aufbaus und der Verknüpfung durchaus sinnfördernd. So wie in Wordsworths großer Ode "Intimations of Immortality" die Nähe des Kindes zu seinem Ursprung und damit zur Seinsfülle im Laufe des Lebens sich zwar als gelockert und gelöst erweist, aber doch von der wachsenden Fähigkeit ausgeglichen wird, durch bewußtes Wiedererinnern jenes frühen Zustandes der wunderbaren Einheit das Bleibende noch im Verlust zu stärken, so enthält in Eliots Gedicht der Ablauf der Gedanken die Mahnung, die Empfänglichkeit für das Wunderbare im Kinde als bleibende und stärkende Kraft zu bewahren, um so dem Abbau durch die zerstörende und entleerende Arbeit der Zeit im Altern entgegenzuwirken.

Die syntaktische Struktur des zweiten langen Satzgefüges, die einem Wunschsatz einen vierfachen Finalsatz folgen läßt, der in einen Kausalsatz mündet, betont die Kontinuität einer Haltung, die sich nicht nur bis zum Schluß durchhält, sondern erst am Ende zu vollster Entfaltung ihres Anfangs gelangt. Die finale Konstruktion, die den ganzen Komplex strukturiert, ordnet den Inhalt, ein Menschenleben, teleologisch; in ihr ist ein Wille wirksam, den der Sprecher mit dem Wunsche "let . . ." (v. 10) gleichsam den Erziehungsberechtigten zuspricht, der aber auch als ein „höherer" Wille gedeutet werden kann.

Das Gedicht, das sich auch als Altersgedicht, nämlich als Ausdruck des Alters über das Altern zu erkennen gibt, umfaßt im Gedanken des

Ablaufs eines Lebens zugleich den Ablauf der Heilsgeschichte, genauer: in die Vorstellung der heilsgeschichtlichen Entwicklung von der Geburt bis zur Wiederkehr Christi, die die gedankliche Dimension des Gedichts ausmacht, ist die Vorstellung des Ablaufs des einzelnen, heilsgeschichtlich bestimmten oder berührten Lebens in seiner weltlichen Verfangenheit eingebettet. Es ist dies der Leitgedanke der Dichtung "East Coker", daß im „Anfang" bereits das „Ende" und im „Ende" der „Anfang" enthalten sei. Dieser mystische Grundgedanke, in dem sich lineares christliches und zyklisches hellenistisches[81] Denken treffen, bestimmt auch dieses Gedicht, das als ein sehr später Sproß am Baum der Eliotschen Dichtung erscheint. Vergleicht man es mit der früheren Dichtung, so bestätigt es charakteristische Stilformen und -züge der späteren Dichtung, insbesondere der *Four Quartets*:

eine „katholische", umfassende Sicht (v. 1), die jedoch unter einem religiös-weltanschaulich bestimmten Gesichtswinkel wertend eingeschränkt ist (v. 2);

ein logisch-poetisches Verfahren, aus dem Vorfindlichen durch Eliminierung des Unwesentlichen oder Unrichtigen zum Wesentlichen und Richtigen zu gelangen;

eine Neigung zur Lehrhaftigkeit, die sich gern klassischer Formen, z. B. des Lehrgedichts bedient; die Didaxis geht allerdings nicht von einem dogmatischen Punkte, sondern von einer menschlichen Haltung aus, der das Dogma Natur ist;

es bekundet eine Tendenz zur pedantisch-preziösen Bedachtsamkeit des Vorgehens, das im Grunde zur Abstraktheit neigt, dieser jedoch durch konkrete Einsprengsel konkreten Anschein gibt; die Spannung zwischen dem abstrakt-gedanklichen Grundtenor und den eingelegten konkret-sinnlichen Details, die durch ihre Symbolfunktion aber entsinnlicht sind, ist deutlich und gründet letztlich in einer metalogischen Gewißheit, die sich am Schluß in poetisch-dialektischer, nahezu paradoxer Weise äußert;

die rhythmische Gestalt des Gedichts (die eine Sonderuntersuchung wert wäre) entspricht noch der prosodischen Theorie Eliots, wie er sie in *The Three Voices of Poetry* und *The Music of Verse*[82] entwickelt,

---

[81] Vgl. Oskar Cullmann, *Christus und die Zeit*. Zürich, 1946.
[82] Beide Aufsätze in T. S. Eliot, *On Poetry and Poets*. London: Faber & Faber, 1957.

ist jedoch noch freier gehandhabt, d. h. besteht aus Versen, die ungefähr die Länge eines Blankverses und drei bis vier Akzente haben und eine im ganzen fallende Bewegung tragen, die dem meditativen Ton angemessen ist;

die dabei verwendete Sprache ist zwar Umgangsenglisch, das in seiner Idiomatik grundsätzlich Eliot angemessen ist, in seiner einfachen Reihung aber leicht psalmodierenden Charakter erhält und den einfachen, alltäglichen Wortschatz, sorgfältig gereinigt, mit gelehrtem Vokabular vermischt, vor allem aber eine besondere Kunst der Ambiguität entwickelt, die den einzelnen Schlüsselworten zugleich vordergründig-trivialen und hintergründig-bedeutsamen Sinn verleiht ("cultivation", "wonders", "beginning", "end").

Die Leistung der syntaktischen Fügung des Gedichtes aber besteht darin, daß sie den Stoff, die Spanne eines menschlichen Lebens im Lichte der Weihnachtsbotschaft und damit die Spanne von der Geburt Christi bis zum Jüngsten Gericht im Lichte christlicher Heilsvorstellung zunächst durch ein negatives Verfahren auf das wesentliche Faktum reduziert und dann durch eine finale, am Schluß kausale Fügung nachdrücklich teleologisch ausrichtet, aber auch wieder zurückbiegt, so daß die treibende Kraft des Wunder(n)s als Finalursache sichtbar gemacht wird.

11. Leistung des Adjektivs
(Dylan Thomas, *Fern Hill* [83])

1   Now as I was young and easy under the apple boughs
    About the lilting house and happy as the grass was green,
        The night above the dingle starry,
          Time let me hail and climb
5   Golden in the heydays of his eyes,
    And honoured among wagons I was prince of the apple towns
    And once below a time I lordly had the trees and leaves
        Trail with daisies and barley
        Down the rivers of the windfall light.

10 And as I was green and carefree, famous among the barns
    About the happy yard and singing as the farm was home,
        In the sun that is young once only,
        Time let me play and be
        Golden in the mercy of his means,
15 And green and golden I was huntsman and herdsman, the calves
    Sang to my horn, the foxes on the hills barked clear and cold,
        And the sabbath rang slowly
        In the pebbles of the holy streams.

    All the sun long it was running, it was lovely, the hay
20 Fields high as the house, the tunes from the chimeys, it was air
        And playing, lovely and watery
        And fire green as grass.
        And nightly under the simple stars
    As I rode to sleep the owls were bearing the farm away,
25 All the moon long I heard, blessed among stables, the nightjars
        Flying with the ricks, and the horses
        Flashing into the dark.

    And then to awake, and the farm, like a wanderer white
    With the dew, come back, the cock on his shoulder: it was all
30   Shining, it was Adam and maiden,
        The sky gathered again

---

[83] *Collected Poems 1934–1952*. London: Dent, 1952, S. 159 ff.

> And the sun grew round that very day.
> So it must have been after the birth of the simple light
> In the first, spinning place, the spellbound horses walking warm
> Out of the whinnying green stable
> On to the fields of praise.
>
> And honoured among foxes and pheasants by the gay house
> Under the new made clouds and happy as the heart was long,
> In the sun born over and over,
> I ran my heedless ways,
> My wishes raced through the house high hay
> And nothing I cared, at my sky blue trades, that time allows
> In all his tuneful turning so few and such morning songs
> Before the children green and golden
> Follow him out of grace,
>
> Nothing I cared, in the lamb white days, that time would take me
> Up to the swallow thronged loft by the shadow of my hand,
> In the moon that is always rising,
> Nor that riding to sleep
> I should hear him fly with the high fields
> And wake to the farm forever fled from the childless land.
> Oh as I was young and easy in the mercy of his means,
> Time held me green and dying
> Though I sang in my chains like the sea.

Fern Hill ist eins der späteren Gedichte von Dylan Thomas, die 1946 unter dem Titel *Deaths and Entrances* erschienen. Ein englisches Gedicht, das wie *Fern Hill* den Namen eines Hügels im Titel trägt, erinnert an Sir John Denhams topographisches Gedicht *Cooper Hill*, das 1642 die Gattung versifizierter Ortsbeschreibungen eröffnete. Es erinnert aber zu Unrecht daran, denn Dylan Thomas' Gedicht gibt außer dem evokatorischen Titelnamen keine topographischen Hinweise oder geographischen Beschreibungen: man weiß aus anderen Quellen, daß es das walisische Land seiner Kindheit ist, das hier von der Imagination als poetischer Erinnerungskraft wieder erzeugt ist, „eine Vision des wiedergewonnenen verlorenen Paradieses"[84].

---

[84] "a vision of a lost paradise regained" (G. S. Fraser, "Dylan Thomas", in: *A Casebook on Dylan Thomas,* ed. John Malcolm Brinnin. New York: Crowell, 1960, S. 47).

Damit reiht sich dieses Gedicht eher den Dichtungen ein, in denen die Einbildungskraft auf die Suche nach der verlorenen Zeit geht, wie beispielsweise in Wordsworths Ode "Intimations of Immortality"[85].

Dylan Thomas sah die Entwicklung seiner Dichtung symbolisch-mythisch als ein Sichdurchringen vom Dunkel zum Licht[86]. In der frühen, wortarmeren Dichtung bei Thomas herrschte das Universum dunkler Symbole, meint Elder Olson[87]; später, auf dem Wege zum Licht, baue er, wortreicher, neue Welten. *Fern Hill* gehöre zu diesen wortreicheren späteren Gedichten; dies bedeute: "In the last period terseness is supplanted by verbosity; sentences, clauses, phrases even, become not merely long, but tremendously so. Adjective is piled on adjective, masses of words are jammed together to make one compound epithet..."[88]

Der Feststellung, daß Adjektiv auf Adjektiv getürmt werde, muß man wohl zustimmen – es ist eine nicht zu übersehende, handgreifliche Tatsache: von den 459 Wörtern, die das Gedicht ausmachen (bei unverbundenen Komposita wie "apple bough" sind zwei Bestandteile gezählt; verbundene Komposita kommen nicht vor), sind 61 Adjektive (einschließlich der Partizipien in adjektivischer Funktion), d. h. rd. 12% – ein höher Prozentsatz, verglichen mit der Zahl von nur 35 Verben (unter denen nur 17 Vollverben sind).

[85] Vgl. Horace Gregory, "The Romantic Heritage of D. Th." in *A Casebook* ... Gregory möchte *Fern Hill* neben *Tintern Abbey* stellen; wenn er jedoch als gemeinsame Züge "the same accents of an immortality" (S. 136) anführt, so scheint eher Wordsworths Ode "Intimations of Immortality from Recollections of Early Childhood" diesem Vergleich zu entsprechen als *Tintern Abbey*, zumal Gregory auch noch darauf hinweist, daß beide Dichtungen den Zauberbann der Erinnerung und die durch die Augen der Kindheit geschaute Welt der Natur neuzuerschaffen in seltener Weise fähig seien.
Vgl. auch William Empson, "Review of *Collected Poems* and *Under Milk Wood*", in *A Casebook* ..., der den Vergleich zwischen Thomas und Wordsworth unter diesem Gesichtspunkt der Gewahrung des Verlustes der schöpferischen Kraft zieht: "For that matter, as I have mentioned Wordsworth just to give the contrast of an author wishing to be simple in style, it is as well to point out that Wordsworth felt the need of the same process; he talks a good deal about the loss of his first inspiration and the struggle to become a greater poet as a result of that." (S. 111).

[86] Vgl. Elder Olson, "The Natur of the Poet", in *A Casebook* ..., S. 72.

[87] *Ebd.*

[88] *Ebd.*, S. 73.

Bezeichnend ist auch die Verteilung und der Charakter der Adjektive. Es erscheinen green 7 mal, golden 4 mal, young 3 mal, happy 3 mal, high 3 mal, simple 2 mal, easy 2 mal, honoured 2 mal, je einmal starry, carefree, clear, cold, holy, lovely, watery, white, round, warm, gay, new made, long, heedless, sky blue, tuneful, few, lamb white, childless; lilting, singing, running, blessed, flying, flashing, shining, spinning, spellbound, walking, whinnying, swallow thronged, riding und als letztes dying. Childless (v. 51) und dying (v. 53) sind die beiden einzigen Adjektive, in denen sich das Bewußtsein des ,,Verlustes" gegenüber denen des ,,Gewinnes" klar abzeichnet.

Bis auf die beiden letzten bezeichnen nämlich alle Adjektive beglükkende Eigenschaften und erfreuliche Zustände, deren Sinnelemente entweder klare, natürliche Grundfarben oder einfache, natürliche Vorgänge, Zustände und Verhältnisse sind.

Allen Adjektiven voran stehen "green" und "golden", deren Koppelung (v. 15 und 44) daher starke Ausdruckskraft hat; gemeinsam und einzeln bezeichnen sie Schwerpunkte der Sinnstruktur des Gedichtes.

In der folgenden Analyse wird ein allgemeines Verständnis des Gedichts bereits vorausgesetzt; besprochen werden die Verwendungsweisen des Adjektivs (sie sind alle wichtig); danach werden die einander gleichen oder ähnlichen Verwendungsweisen zu Typen und Gruppen zusammengefaßt, so daß durch diese Gruppierung die fundamentale Struktur des Gedichts sichtbar wird.

v. 1: "Now as I was young and easy under the apple boughs": Dieser Vers und seine Variationen in v. 10 und v. 52 sind Echos des Schlußverses in dem Gedicht von William Butler Yeats "Down by the Salley Gardens", in dem es heißt: "But I was young and foolish, and now am full of tears", und des diesem vorangehenden Verses "But I, being young and foolish, with her would not agree"[89]:

In der Fügung "young and easy", wie in allen ähnlichen Fügungen (vgl. v. 10, 15, 44, 52, 53) liegt eine syntaktische Zwillingsform vor, in der zwei Adjektive miteinander verbunden sind. ,,Verbunden" heißt aber

---

[89] Das Gedicht von Yeats hieß ursprünglich "An Old Song Re-Sung" und hatte in der ersten Ausgabe in dem Buch *The Wanderings of Oisin and Other Poems* (London, 1889) folgende erklärende Anmerkung: "This is an attempt to reconstruct an old song from three lines imperfectly remembered by an old peasant woman in the village of Ballysodare who often sings them to herself."

in der dichten Textur eines Gedichts, die seine sprachliche Gestalt zu
voller Auswirkung bringt, daß die semantischen Gehalte durch die
lautlichen Formen gestaltend vermittelt und beide so miteinander
„verbunden" werden, daß über die kommunizierenden Bindungen
der lautlichen Gestalt (Alliteration, Assonanz, Reim) sich ein Ausgleich
der semantischen Gehalte vollzieht, wobei das sinnstärkste Wort sich
zwangsläufig dem sinnschwächeren stärker mitteilt als dieses jenem.
Dieser Kontakt ist in v. 1 nun allerdings lediglich additiver Art, hingegen ist in v. 10 "green and carefree" der phonologische und damit
semantische Ausgleich durch die Assonanz der (gr) -und (fr) -Laute
sowie durch den gemeinsamen (i:)-Laut gegeben. Auch in v. 15 "green
and golden" liegt ein solcher Austausch und Ausgleich semantisch-
phonologischer Qualitäten vor, durch den das Einzelwort, hier das
Adjektiv, eine versspezifische Bedeutungszuspitzung erfährt. Eine
kalkulierte (so wird vermutet) Schockwirkung geht von der letzten
Fügung dieser Art in v. 52 "green and dying" aus, in der das Schlüsselwort "green", das der Inbegriff der Jugendlichkeit ist, mit dem Inbegriff des Moribunden verkoppelt wird; dramatisch abschließende
Formulierung des unterschwellig bereits vorhandenen, in der letzten
Strophe deutlich hervortretenden Gedankens der die ländliche Jugend-
seligkeit unbewußt bestimmenden Vergänglichkeit durch die Zeit.
v. 2: "About the lilting house": ein Fall der sog. "pathetic fallacy"[90],
einer animisierenden poetischen Methode, die Eigenschaften, insbesondere Affekte „lebender" Wesen auf „tote" Dinge überträgt. Zur
Kritik dieses Begriffs ist zu sagen, daß in ihm sehr verschieden moti-
vierte Formen von „Beseelung" zusammengefaßt sind. Hier z. B. liegt
eine Überstellung der Eigenschaft (eines Verhaltens) des „Trällerns",
des fröhlichen Singens des Jungen, auf seine Umgebung vor, ein Transfer, der sich bei Dylan Thomas öfter findet (vgl. v. 11, auch v. 16–18,
v. 35 und vielleicht auch v. 50).

vv. 2–3: "happy as the grass was green, The night above the dingle starry"
Die Fügung "The night above the dingle starry" steht parallel zur vorangehenden und ist ein elliptischer Satz, denn gemeint ist: "happy as
the night above the dingle was starry". Hier wird eine Eigenschaft

---

[90] Der Begriff stammt von John Ruskin.

("happy"), die auf das lyrische Ich bezogen ist, gleichgesetzt mit der das Gras auszeichnenden Eigenschaft grün. (In v. 22 wird ein noch kühnerer Vergleich "fire green as grass" gewagt.) Eine solche Fügung, von dem Leavis-Schüler Wolf Mankowitz als "poetic pseudo-statement" streng verurteilt[91], wird von Derek Stanford mit dem Hinweis auf die Erfahrung all derer verteidigt, die sich an ihre Kindheit erinnern: "When one was younger the grass seemed greener; and this intenser hue of the grass is used as a measure of the poet's happiness when he speaks about his boyhood." [92] Zweifellos ist Stanfords verstehende Interpretation richtiger und gerechter als die normativ verurteilende Kritik von Mankowitz, der jedoch mit dem Wort „Trick" ("trick") berechtigterweise auf eine noch zu erörternde Manier Dylan Thomas' hinweist, während Stanfords Deutung den Vergleich zu stark als psychologisiert und zu wenig als poetisch realisiert beurteilt. Poetisch realisiert ist aber der Vergleich insofern, als im Wort selbst, in der Laut-und-Sinn-Bindung des Vergleichs in der poetischen Wortfügung, sich der Vergleich als Ausgleich der Eigenschaften aufgrund der der Dichtung unterstellten, untergründigen Analogie der Dinge und Qualitäten vollzieht, die das normale Sprachbewußtsein nicht realisiert. In vv. 2—3 ist diese Analogie, die zugleich Partizipation ist, durch Lautbindung realisiert: happy — grass — green — (night) — starry.

Das Adjektiv "green" ist das Schlüsselwort (7 mal); es hat aber auch in anderen Gedichten von Dylan Thomas Schlüsselcharakter, so in dem früheren *The force that through the green fuse drives* . . . Es ist wissenschaftlich natürlich nicht nachweisbar, welche Erfahrungsmomente in einem Wort wie "green" enthalten sind, welche Erfahrungen in seiner Geschichte in das Wort eingeströmt und wie weit sie im Bewußtsein des Sprechers lebendig sind, doch kann unterstellt werden, daß gerade das Farbadjektiv "green" spezifisch englische, bzw. walisische Konnotationen phänomenaler wie historischer Art hat: "green" ist die Farbe der grünen Landschaft und als solche Merkfarbe Irlands; "green" ist aber auch durch poetische Prägungen bestimmt wie Andrew Marvells berühmten Vers "a green thought in a green shade" [93]. Die nicht nachweislichen, aber unbestreitbar vorhandenen Konnotationen sind gerade in der Poesie virulent; durch diese Aura von Konnotationen unterscheidet sich

---

91 Vgl. Derek Stanford, "Critics, Style and Value", in *A Casebook* . . ., S. 93.
92 *Ebd.*
93 In "The Garden".

das englische Farbadjektiv "green" vom deutschen „grün". Andererseits sind "green" wie „grün", und ebenso "golden" (englisch) wie „golden" (deutsch), insbesondere in der Koppelung "green and golden" (v. 15, v. 44), charakteristisch für bestimmte überregionale gemeinsame Ausdrucksziele und Zeiten: so ist die Zwillingsform "green and golden" („gold-grün") ein bevorzugter Ausdruck der Romantik, in dem das Frische und Naturhafte mit dem Kostbaren und Glänzenden zu einer magisch-zauberischer Wirkung gebracht wird (vgl. z. B. Keats, *Lamia* und E. T. A. Hoffmann, *Der goldene Topf*).

v. 5: "Golden in the heydays of his eyes": "golden" ist hier Attribut des Knaben in seiner goldenen Freiheit der Jugend. Aber das Adjektiv ist innerlich von "time" abhängig, so wie Jugend und Freiheit des Knaben von ihr, der Zeit, die als männlich-mythisches Wesen angedeutet ist, abhängig gedacht sind. Der ganze Satz, vor allem das Prädikat "let", figuriert diesen Gedanken des Spielraums des Knaben im Angesicht der Zeit, der in vv. 13—14 variiert wird, wobei die Gunst der Zeit als Gnade bezeichnet ist, eine Vorstellung, die am Schluß in v. 52 den Begriff "mercy" schon in die Bedeutung der Willkür, „auf Gnade oder Ungnade", umwandelt.

v. 6: "And honoured among wagons I was prince of the apple towns": Die Voranstellung des (erweiterten) Attributs, die eine wiederkehrende Figur im Gedicht ist, vgl. v. 25 "blessed among stables", v. 37 "honoured among foxes and pheasants", vgl. aber auch v. 10 "famous among the barns", das an die Figur "green and carefree" anschließt wie in v. 1 "young and easy", gibt der Eigenschaft "honoured" (= ehrenvoll aufgenommen, akzeptiert) den Charakter eines „lokalisierten Affekts": Der Junge ist unter den Wagen und dem Vieh des (fremden) Farmerhauses auf bevorzugte Weise „zu Hause". Daß das Adjektiv vorangestellt ist, bewirkt jedoch die Vorstellung, daß dieser Zustand selbstverständlich gegeben, nicht kausal bedingt ist: Jedes vorangestellte Prädikatsnomen oder Attribut hat die Wirkung des fait accompli.

v. 12: "the sun that is young once only" gehört zu einem wiederkehrenden Muster (vgl. vv. 31—32: "the sky gathered again/And the sun grew round that very day"; v. 39: "In the sun born over and over"; v. 48: "In the moon that is always rising"): In betont dialektischem Wechsel werden die kosmischen Gebilde Sonne und Mond als „immer" und zuglei „wieder" neu entstehend oder aufgehend bezeichnet. Hier ist ein poetisches Verfahren demonstriert, das Dylan Thomas selbst als dialektisch charakterisiert hat: "In a letter to Henry Treece, Thomas wrote: 'a poem by

needs a host of images. I make one image — though "make" is not the word;
I let, perhaps, an image be "made" emotionally in me and then apply
to it what intellectual and critical forces I possess; let it breed another,
let that image contradict the first; make of the third image, bred out
of the two together, a fourth contradictory image, and let them all,
within my imposed formal limits, conflict. Each image holds within
it the seed of its own destruction, and my dialectical method, as I
understand it, is a constant building up and breaking down of the
images that come out of the central seed, which is itself destructive
and constructive at the same time ... The life in any poem of mine
cannot move concentrically round a central image, the life must come
out of the centre; an image must be born and die in another; and
any sequence of my images must be a sequence of creations, recreations, destructions, contradictions ... Out of the inevitable conflict
of images — inevitable, because of the creative, recreative, destructive
and contradictory nature of the motivating centre, the womb of war —
I try to make that momentary peace which is a poem.' "[94]

Das Adjektiv ist hier der Ort eines dialektischen Prozesses: in v. 12 ist
"young" durch "once only" als einmaliger Zustand bestimmt, in v. 32
ist "round" durch "grew" und "that very day" als absolut neuer Vorgang vorgestellt, im gleichen v. 31 "the sky gathered again", ist der Daseinsvorgang als einmaliger, aber sich wiederholender gesehen, in v. 48
"The moon that is always rising" ist weniger die Wiederholung als die
Dauer des Vorgangs betont. Alle Aspekte ergeben gemeinsam einen sehr
komplexen Ausdruck des immer wieder frischen Erlebnisses der gewöhnlichen kosmischen Vorgänge.

v. 16: "The foxes on the hills barked clear and cold" ist eine Figur, die
zum Typus der Figur v. 2 "The lilting house" gehört; denn auch hier
liegt "pathetic fallacy", genauer: eine Überstellung des Eigenschaftswortes und damit der Eigenschaften "clear and cold" von der Hügellandschaft auf die Tätigkeit der Füchse und diese selbst vor: "clear
and cold" haben damit halb-adverbialen, halb prädikativen Charakter,
weil sie zugleich die Eigenschaft des sich äußernden Subjekts wie die
Art des Vorgangs bezeichnen.

Diese Transponierung ist freilich bei "clear" noch nicht deutlich, da
hier „klar" durchaus als klarer Laut verstanden werden kann; bei "cold"

---

[94] Zit. Derek Stanford, *a. a. O.*, S. 94.

jedoch tritt die Verschiebung klar zutage. Sie ist auch im nächsten Satz, einer Parallelvorstellung, deutlich: vv. 17—18 "And the sabbath rang slowly/In the pebbles of the holy streams", wo das Attribut des Sabbath, „heilig", auf die Flüsse übertragen ist und das Geräusch des sich an den Kieseln reibenden, rauschenden Wassers als tönende Äußerung des Sabbath vorgestellt wird. Und da der Sabbath so „verflüssigt" ist, kann seine Eigenschaft umso leichter dem Strömen zugeschoben werden. Syntaktische Fügung und poetische Gestaltung zeigen die zugleich destruktive und reorganisierende Kraft einer Imagination, die vom Prinzip des Austauschs und Auswechselns besessen ist.

v. 19: "it was running, it was lovely": die Nebenordnung der heterogenen Adjektive zeigt oder besser zeugt innere Verwandschaft: "running" erscheint im Verein mit "lovely" — semantisch-lautliche Bindung! — wie ein werthaftes Eigenschaftswort (über "lovely" vgl. v. 21, das mit "watery" zusammen "playing" bewertet).

vv. 19—20: "the hay/Fields high as the house" zeigen die bindende Kraft des Lauts (h) und die nähere Qualifizierung des Adjektivs "high" durch einen ausgeführten Vergleich "as the house"; in v. 41 ist die gleiche Vorstellung „haushoch" nicht mehr analytisch vergleichend, sondern synthetisch bildhaft ausgedrückt: "my wishes raced through the house high hay".

v. 21: "playing, lovely and watery"; hier weisen die Adjektive näher bestimmend auf das Verbalsubstantiv "playing"; untereinander trotz gleicher Bildungsweise heterogen, werden Empfindung und Element, Subjekt und Objekt hier verbunden. Im Kontext mit Luft (v. 20: "air"), Feuer (v. 22: "fire") und Erde (v. 22: "grass") steht das Adjektiv "watery" zugleich für das vierte Element: so verstecken sich in der Fügung des Satzes vv. 20—22 die vier Elemente.

v. 23: "under the simple stars" und v. 33 "the birth of the simple light" sind wohl nicht ohne den Vorgang Blakes, seiner „Lieder der Unschuld" ("Songs of Innocence") und seiner kindhaft naiven Mythisierungen denkbar. Der Geist Blakes ist auch an anderer Stelle spürbar (vgl. weiter unten v. 34 ff.)

vv. 28—29: "the farm, like a wanderer white/With the dew": Das als Attribut nachgestellte Adjektiv "white" ist durch relative Isolierung und seine Erweiterung durch "with the dew" im Unterschied zu einem vorangestellten Attribut stärker verselbständigt und stärker rückbezogen auf das durch den Vergleich bestimmte Subjekt "farm" (ein Kryptosubjekt, da es einem elliptischen Satz, vielleicht einer absoluten Partizipialkonstruktion, vorsteht: "and the farm . . . come back"), das durch ein weiteres Attribut, die Fügung "the cock on his shoulder", erweitert ist. Das ganze phantastisch anthropomorphisierte Bild, die Farm im weißen Tau als Wanderer mit dem Hahn auf der Schulter, ist sicher ein Höhe- und Glanzpunkt des Gedichts. Die Farm, ein solider fester Ort, ist in diesem Gedicht das mobile Objekt der Sinne, die im Einschlafen das Sich-Entfernen des Bewußtseins dem Ort, der Farm, anhängig und vom letzten vernommenen Laut, dem Eulenruf, abhängig machen: v. 24: "As I rode to sleep the owls were bearing the farm away", und v. 51: "And wake to the farm forever fled from the childless land", wo der komplizierte dialektische Gedanke, daß beim Erwachen damals die Farm *noch nicht* für immer vom Land der Kindheit (= für immer vom Land *ohne* Kindheit) geflohen war, das einfache Gefühl der Zeitlosigkeit jetzt vom Bewußtsein des Verlustes jener Zeit aus reflektiert.

vv. 34—36: "the spellbound horses walking warm / Out of the whinnying green stable / On to the fields of praise": hier feiert das Adjektiv neue Triumphe in den verschiedensten Rollen: nächst der attributiven Funktion ("spellbound") ist es verkapptes Adverb ("walking warm") oder besser ein in neue adverbiale Stellung geschobenes Adjektiv mit stark suggestiver Lautbindung an sein Beziehungswort ("walking"); eine für Dylan Thomas charakteristische Überstellung liegt im Adjektiv "whinnying" vor, das von den Pferden auf den Stall übertragen ist, zusammen mit dem von den Feldern stammenden Adjektiv "green", das alle seine gesammelten Konnotationen für diese seine neue Rolle mitbringt. Blake ist im mystisch-mythischen Unterton spürbar, besonders in der Fügung "the fields of praise", die schlagartig die ganze Situation mystisch-religiös transponiert und eine Ebene erreicht, auf der sich Schöpfung, Gnade, Paradies und Gegenwart (v. 30) mythisch und metaphysisch vermischen.

v. 40: "my heedless ways": einfache Übertragung.

v. 41: "high hay": logisch auf "whishes" lautlich und stellungsmäßig auf "home" und "hay" bezogen.

v. 42: "my sky blue trades" und v. 46 "the lamb white days": die Adjektive sind Komposita von schlichter Unmittelbarkeit, aber im Rahmen des Gedichts von klug kontrastierter Wirkung, indem sie mit Himmel und Lamm in vieldeutiger Offenheit sowohl kosmische und religiöse wie einfache ländliche Vorstellungen evozieren.

Nach dieser Bestandaufnahme, in der die einzelnen Vorkommen des Adjektivs dem Gang des Gedichtes gemäß aufgeführt wurden, wobei allerdings die deutlich einem bestimmten Typus (z. B. dem Typus "young and easy") zugehörigen Fälle zusammen genannt wurden, soll jetzt eine Klassifizierung nach Haupttypen vorgenommen werden, die einen ersten Hinweis für die gemeinsame Basis der verschiedenartigen Varianten des Adjektivs und seiner Funktionen im Satz in der Tiefenstruktur bilden können. Es sind danach folgende Haupttypen oder -muster zu erkennen:

1. *Typus "young and easy"*:
    v. 1: "young and easy"
    v. 10: "green and carefree"
    v. 15: "green and golden"
    v. 16: "clear and cold"
    v. 21: "lovely and watery"
    v. 44: "green and golden"
    v. 52: "young and easy"
    v. 53: "green and dying"

2. *Typus "young and easy under the apple boughs"*:
    v. 1: "young and easy under the apple boughs"
    v. 5: "golden in the heydays of his eyes"
    v. 6: "honoured among wagons"
    v. 10: "famous among the barns"
    v. 14: "golden in the mercy of his means"
    v. 25: "blessed among stables"
    v. 37 "honoured among foxes and pheasants"
    v. 52: "young and easy in the mercy of his means"

3. *Typus "lilting house"*
    v. 2: "lilting house"
    v. 11: "happy yard"
    v. 18: "holy streams"
    v. 23: "simple stars"
    v. 33: "simple light"
    v. 34: "spinning place", "spellbound horses"
    v. 35: "whinnying green stable"
    v. 37: "gay house"
    v. 38: "new made clouds"
    v. 40: "heedless ways" (?)
    v. 42: "sky blue trades"

v. 46: "lamb white days"
v. 50: "high fields" (?)
v. 51: "childless land" (?)

Daneben sind noch folgende Typen und Muster festzustellen:

4. *Typus: "the sun that is young once only"*

   v. 12: "the sun that is young once only".
   v. 32: "the sun grew round that very day"
   v. 48: "the moon that is always rising"

5. *Typus: "it was running, it was lovely the hay fields high"*

   v. 19—20: "it was running, it was lovely, the hay Fields high as the house"
   v. 20—21: "it was air and playing, lovely and watery"
   v. 29—30: "it was all shining"

6. *Typus: "the foxes ... barked clear and cold"*

   v. 16: "the foxes . . . barked clear and cold"
   v. 34: "the ... horses walking warm"

7. *Typus: "fields high as the house"*

   v. 20: "fields high as the house"
   v. 22: "fire green as grass"

8. *Typus: "happy as the grass was green"*

   v. 2: "happy as the grass was green"
   v. 3: "(happy as) the night above the dingle (was) starry"
   v. 38: "happy as the heart was long"

9. *Typus: "like a wanderer white with the dew"*

   v. 28—29: "like a wanderer white with the dew"

Die Klassifizierung zeigt bestimmte Typen oder Muster adjektivischer Verwendung in Abweichung von geläufigen Wortfügungen: so durchläuft die Zwillingsform (1. Typus) die Skala vom „üblichen" "young and easy" über "green and golden" bis "green and dying", so wird die dem Adjektiv als Attribut nachgestellte adverbiale Bestimmung (2. Typus) zu einer eigenen Manier, die die Eigenschaft vor deren Bedingungen setzt; so wird die Zuordnung des Adjektives zum Substantiv zum Mittel der Übertragung einer Eigenschaft von einem Subjekt als

Träger auf dessen Objekt im Sinne der "pathetic fallacy". So zeigen allein diese drei Typen eine Präokkupation des Autors mit der Vertauschbarkeit der Träger von Eigenschaften, nämlich den in den sinnlich erfahrbaren Eigenschaften sich berührenden Wesen und Dingen, die nach dem normalen Denk- und Sprachschema getrennt sind.

Es wäre nun nötig — und leicht! —, auch die Substantive, Verben und Adverben, ihre Formen, Fügungen und Funktionen, in gleicher Weise zu analysieren. Es würden sich Übereinstimmungen in Struktur und Textur ergeben, die auf gemeinsame Grundfiguren in der Tiefenstruktur verweisen. Es sind vor allem die Leistungen des Verbs, der wenigen Vollverben dieses Textes, die eine das Adjektiv komplementierende Funktion haben:

v. 4: "Time let me hail and climb/Golden...": Hier ist, wie schon angedeutet, die Zeit als männlich-mythisches Wesen der Träger eines Willens, der die Freiheit gewährt (vgl. auch vv. 13—44), aber auch die Fesseln anlegt (vv. 53—54).

vv. 7—9: "And once below a time I lordly had the trees and leaves/Trail with daisies and barley/Down the rivers of the windfall light": Diesen Satz verstehe ich als eine große, kosmisch-magische Geste des jungen „Herrn" der Natur, eines kleinen Prospero, die dem Strom des Lichts, der auch der Strom des Windes, der auch der Geist ist, der weht wo er will, gebietet in seiner jugendlichen Allmächtigkeit und der diesem Strömen von Licht, Wind und Geist die Bäume und das Laub, die Blumen und das Korn überantwortet mit einer in mythisch-märchenhafte Ferne verweisenden Geste — "once below a time".

vv. 15—16: "The calves/ Sang to my horn": die orphische Wirkung der Töne des Jagdhorns ist daran ermeßbar, daß die Tiere so antworten, wie sie gerufen wurden.

vv. 24—27: "As I rode to sleep the owls were bearing the farm away/ All the moon long I heard, blessed among stables the nightjars/Flying with the ricks, and the horses/Flashing into the dark": v. 24 "rode to sleep" ist variiert in v. 49 "riding to sleep"; vielleicht ist "riding" als kalkulierte Substitution von "falling" zu erklären; jedenfalls ist die Vorstellung bezwingend, noch bezwingender aber die, daß die Eulen die Farm davontragen, die Nachtschwalben mit den Heuschobern davonfliegen und die Pferde wie Sternschnuppen in der Nacht verlöschen, Vorstellungen, die ihre Überzeugungskraft in ihrer imaginativen Wurzel, dem Vorgang des

Einschlafens haben, das die festgefügte Welt auflockert und der Traumphantasie überantwortet, deren kindlich-naive und zugleich bezaubernde Art derjenigen Marc Chagalls vergleichbar erscheint. (Wenn Analogien zu Malern erlaubt sind, so sind neben Marc Chagall sicherlich auch Stanley Spencer[95] und übrigens auch Graham Sutherland, was das Grundschema des Durchbrechens aus chthonischem Dunkel zum Licht anbelangt, hier zu nennen.)

Damit sind zwar nicht alle, aber die vom Adjektiv und seinem Gegenspieler, dem Verb, erreichbaren Strukturzüge beschrieben. Auf die das Gedicht und die Dichtung von Dylan Thomas insgesamt charakterisierende Prägung und Ausdruckskraft, ihren Stil hin befragt, muß man den dominant adjektivischen oder nominalen Charakter feststellen, womit aber nicht viel gewonnen ist, wenn dieser nicht in seinen spezifischen Zügen genauer charakterisiert wird. Diese Züge sind, nach der Analyse von *Fern Hill*, die Überstellung der Eigenschaft (des Eigenschaftswortes) vom lyrischen Ich (Subjekt) auf seine Umgebung (das Objekt), die gegenseitige Affizierung der Eigenschaften im besonderen, wie der Bilder im allgemeinen, und das mythenschöpferische Verb.

Die dialektische Arbeit der Bilder als der poetischen Elemente hatte Dylan Thomas selbst beschrieben, wobei er ein hohes Maß von Reflexion zeigte.[96] Am genauesten aber charakterisiert Cecil Day Lewis den zentralen Stilzug des Dylan Thomas.

"At the centre of Mr. Thomas's poems there is not a single image, but 'a host of images'. For the reader the impression may be of an escape of gas under water — I do not intend this with any disrespect — and bubbles breaking out apparently at random all over the surface: for the poet, the bubbles are the heart of the poem. Secondly, the process by which this host of images creates a poem is one of conflict — the second image will 'contradict the first', and so on . . . By 'contradictions' I think we must understand the bringing together, in images, of objects that have no natural affinity; or perhaps it might be more accurate to say, objects which would not on the face of it seem to make for consistency of impression . . . "[97]

---

95 Vgl. G. S. Fraser, "Dylan Thomas", in *A Casebook* . . . S. 49.
96 Vgl. Brief an Treece, Derek Stanford, *a. a. O.*, S. 94.
97 C. Day Lewis, *The Poetic Image*. The Clark Lectures. London: J. Cape, 1947, Paperback 1964, S. 123.

"At the end of the poem these word-symbols are merged into each other; by the dialectical method Mr. Thomas described, each has in a sense turned into its opposite; the fox has become something like the fern . . . , the fern moves like a fox . . . "[98]

Wo Fuchs und Farn sich begegnen, da wird — bei Dylan Thomas — der Fuchs dem Farn ähnlich und der Farn dem Fuchs. Die jeweils gekoppelten Worte und Bilder arbeiten sich aneinander — nicht ab, sondern heran. Die poetische Welt von Dylan Thomas bringt alle Wesen und Dinge einander näher.

Das andere Merkmal, mit diesem eng verbunden, ist das in der Analyse herausgearbeitete Prinzip der Transponierung und Substitution, sei es, daß eine Eigenschaft des Menschen als des lyrischen Ichs auf seine Umwelt übertragen, sei es, daß sie als originelles Einsprengsel in eine klischeehafte Vorstellung hineingetragen wird: in jedem Falle ist es das Prinzip der Substitution, die Einfügung eines persönlich erfahrenen Zustandes in einen gängigen, geläufigen Kontext. Der Raum, in dem sich diese Vorgänge vollziehen, ist die farbige, stets ins Mythische aufgewölbte Welt von Wales, wie sie ,,von innen", von Dylan Thomas gesehen, aussieht. Vor allem aber: wie sie sich als Welt im Bewußtsein des Jungen darstellt, als die Welt selbst noch jung war. Und die Voraussetzung ist die aller lyrischen Dichtung: das Gewahren der unterschwelligen Analogien der Dinge. Die gelegentlichen Tricks zeigen den Grad der Selbstbefangenheit, sie zeigen im übrigen, daß der emotionale Dichter auch kalkuliert.

Über den Stil von Dylan Thomas zu schreiben, ist von besonderer Pikanterie, wenn man erfährt, was Dylan Thomas selbst sich unter ,,Stil" vorstellt: In einem Interview, das im Jahre 1952 an der Universität von Utah unter Leitung des Gelehrten und Dichters Professor Ghiselin stattfand, wurde Thomas von einer jungen Dame gefragt: "Has your style changed?" Thomas erwiderte — und seine Antwort wirft Licht, vielmehr Schatten auf das Ansehen, in dem der Stil-Begriff steht, oder doch gestern noch stand —: "Style? Yes. No — I'm still after the same things if that's what you mean".[99]

---

[98] *Ebd.*, S. 125.
[99] Marjorie Adix, "Dylan Thomas: Memoirs and Appreciations", in *A Casebook* . . . S. 287.

12. Leistung des Personalpronomens in Verbindung mit Tempuswechsel
(Thom Gunn, *The Secret Sharer*[100])

Over the ankles in snow and numb past pain
I stared up at my window three stories high:
From a white street unconcerned as a dead eye,
I patiently called my name again and again.

5   The curtains were lit, through glass were lit by doubt.
And there was I, within the room alone.
In the empty wind I stood and shouted on:
But O, what if the strange head should peer out?

9   Suspended taut between two equal fears
I was like to be torn apart by their strong pull:
What, I asked, if I never hear my call?
And what if it reaches my insensitive ears?

13   Fixed in my socket of thought I saw them move
Aside, I saw some uncertain hand
Had touched the curtains. Mine, I wondered? And,
At this instant, the wind turned in its groove.

17   The wind turns in its groove and I am here
Lying in bed, the snow and street outside;
Fire-glow still reassuring; dark defied.
The wind turns in its groove: I am still there.

In diesem Gedicht ist die Häufigkeit des Personal- und Possessivpronomens der ersten Person und der Wechsel des Tempus vom Präteritum zum Präsens auffällig. Die folgende Interpretation soll dazu dienen, die Leistung dieser beiden Sprachmittel für Sinn und Ausdruckskraft des Gedichts zu veranschlagen und den stilistischen Befund mit den Eindrücken anderer Gedichte des Autors zu vergleichen.

Man stelle sich folgende, durchaus alltägliche Situation vor: „Ich" steht bis über die Knöchel tief und schon empfindungslos vor Kälte

---

[100] *Fighting Terms*. London: Faber and Faber 1962, S. 18.

im Schnee auf der Straße vor dem Hause, in dem „ich" im dritten Stockwerk wohne, und rufe. (Ich rufe z. B., weil ich den Hausschlüssel vergessen habe.) „Mir" scheint, daß hinter dem Vorhang des Fensters Licht ist. Endlich scheint sich die Gardine zu rühren – – – Später, wie „ich" in „meinem" noch warmen Zimmer im Bett liege, denke „ich" daran, wie „ich" vor kurzem noch draußen vor dem Haus im Schnee, in Kälte und Dunkelheit gestanden habe.

So weit wären Lage und Erfahrung alltäglich, normal. Im Gedicht Thom Gunns aber nimmt diese Erfahrung eine befremdliche und erregende Wendung. Denn das Ich da draußen auf der Straße im Schnee, das zu seinem Fenster im dritten Stock emporblickt, ruft – sich selbst! Ihm erscheinen die Vorhänge erleuchtet, obwohl dies zweifelhaft bleibt, da das Glas spiegeln und täuschen kann (v. 5: Through glass were lit by doubt). Für einen Moment weiß sich das Ich – auch – dort oben im Zimmer, allein (v. 6: within the room alone). Es ist von keinem „Du", keinem „Er", keiner „Sie", keinem „Es" die Rede: das Ich hat es allein mit sich zu tun. Das Ich draußen ist durch den Schein des Lichts hinter der Gardine seines Fensters zur Vermutung gelangt, daß es selbst dort oben, allein, in seinem Zimmer sei. Im nächsten Moment steht das Ich aber wieder – noch! – im „leeren" Wind (v. 7: in the empty wind) und hört nicht auf, sich selbst zu rufen. Dabei ist es erfüllt von der Angst, sich selbst als einen fremden, unbekannten Kopf dort oben herausschauen zu sehen, das unbekannte *alter ego,* das eben wegen seiner Unbekanntheit ein Fremder ist, der keine Beziehung zu dem Rufer hat, obwohl er ihn gehört zu haben scheint (v. 8: But O, what if the strange head should peer out?). Doch ohne daß dieser furchterregende Zweifel aufgelöst worden wäre, meldet sich eine zweite, doppelte Furcht: daß nämlich entweder das „Ich" dort oben (daß es ein „Ich" ist, steht jetzt außer Zweifel) das Rufen des „Ich" dort unten gar nicht hört, nicht hören kann, *niemals* wird hören können, (v. 11: if I never hear my call) oder aber, daß das Rufen zwar bis an die Ohren des "Ichs" dort oben gelangt, aber nicht in sie eindringt, weil sie empfindungslos, weil „es", das „Ich", empfindungslos ist.

Schon sieht das von seiner fixen Idee gebannte Ich drunten (v. 13: Fixed in my socket of thought) die Vorhänge droben sich bewegen, sieht, wie eine unsichere Hand sie berührt, und es fragt sich, ob es „seine" Hand sei, da – springt der Wind um. Der Wind springt um: jetzt ist das Ich hier droben und drinnen im Zimmer, im Bett; Schnee und Straße sind draußen, und das glimmende Feuer verbreitet die

Atmosphäre der Geborgenheit. Und wieder springt der Wind um: das Ich, obwohl hier oben und drinnen in der Geborgenheit des Zimmers, der Wärme, des Lichtes, des Bettes, ist noch dort draußen, drunten.

Deutlich ist das Personal-Pronomen „ich" („mich") und das Possessivpronomen „mein" ein Angelpunkt des Sinns dieses Gedichts. Ein zweites wichtiges Moment aber ist ebenfalls grammatisch greifbar: der Tempuswechsel. Im Übergang von der vorletzten zur letzten Strophe, dort, wo es heißt, daß der Wind um*sprang* (v. 16: the wind turn*ed* in its groove), und dann, daß er um*springt* (v. 17 und v. 20: The wind turn*s* in its groove), springt auch der Bericht, springt die Sicht, die Perspektive um, und dies wiederum geschieht im Umspringen des Tempus aus dem Präteritum ins Präsens. (Was hier von den grammatischen Formen, Pronomen und Tempus, aus zu ermitteln versucht wird, könnte auch an der Metapher des in seiner „Laufschiene", d. h. seiner festgelegten Bahn umspringenden Windes geschehen.)

Dies Umspringen des Tempus aus dem der Vergangenheit in das der Gegenwart soll hier doch wohl besagen, daß alles, was in den ersten vier Strophen als geschehen, also im epischen Tempus der Vergangenheit berichtet wurde, nun eben von einem Bewußtsein der Gegenwart aus gedacht und bekundet wird, das in der fünften Strophe gegenwärtig da ist. Hier, in der fünften Strophe, droben und drinnen also, ist der „ideelle" Anfang der Denkbewegung zu suchen, deren beunruhigende Erfahrung im Ablauf des Gedichts vorangestellt, vorweggenommen ist (v. 2: I star*ed*, v. 4: I call*ed*, v. 5: *were* lit, v. 6: *was* I usw.). Warum? Wahrscheinlich doch, um das Ungewöhnliche, Befremdliche unvorbereitet wirken zu lassen.

Wenn aber jene ungewöhnliche und beunruhigende Erfahrung des Ichs, das draußen und drunten steht und sich ruft, im Präteritum, im epischen Erzähltempus also und damit als bereits geschehen vom gleichen Ich aus berichtet wird, dann ist die Erwartung des Ichs draußen, sich selbst droben erscheinen zu sehen, eine Vorstellung des Ichs drinnen. Das Umspringen des Tempus ist also kein naiver oder zufälliger Wechsel von der Vergangenheit zur Gegenwart, sondern der grammatische Ausdruck des Umspringens des Denkens innerhalb desselben Bewußtseins, des gleichen, sich seiner in zwei Befindlichkeiten bewußten Ichs. Der Wechsel des Tempus zeigt eine wechselnde Phasenfolge im Bewußtsein an.

Die Bewegung des Gedichtsverlaufs ist eine Art Wechselstrom, ein Hin- und Herreflektieren zwischen zwei Ich-Polen, in die das Bewußtsein auseinandergezogen ist und zwischen denen es keine Kommunikation außer der des mutmaßenden Denkens gibt, das in dieser Suche nach sich selbst seine Einsamkeit und seine Ängste, seine Scheingeborgenheit und seine zweifelhafte, unsichere Identität bekundet.

Die zweifache Umkehrung der Richtung des Bewußtseins von draußen nach drinnen und wieder von drinnen nach draußen als eines seine Richtung zweimal wechselnden Stromes wird nun folgerichtig und genau durch die Vorstellung von der Umkehr der Windrichtung versinnbildlicht (v. 16: the wind turned in its groove, v. 17: the wind turns in its groove, v. 20: the wind turns in its groove). Schon für die Befindlichkeit und das Bewußtsein des Ichs draußen ist der Wind da, doch ist er zunächst noch atmosphärische Realität, obwohl er „leer" (v. 7: in the empty wind) ist, womit die mögliche Erfüllung, die hier fehlt, angedeutet ist. Noch ist der Wind leer, weil er zugleich als der innere „Wind" der Strom der leeren, unerfüllten Bewegung des Geistes auf ein Ziel zu ist, das hartnäckig, aber auch mit Bangen, verfolgt wird (v. 7: I stood and shouted on: / But O, what if . . .). Als aber das mit banger Ungeduld erwartete Erscheinen des anderen Ichs dicht bevorzustehen scheint, das die Begegnung des Ichs mit sich selbst bringen soll — in jenem Augenblick „sprang der Wind um".

Die Vorstellung, daß der Wind sich in seiner vorgegebenen Bahn oder Richtung — "groove" ist die Spur, das Geleise, die Rille, der Zug — umkehrt, ist eine dynamisch-technische, funktionale Metapher für das Umkehren des zwischen den beiden Ich-Polen kanalisiert hin- und herfließenden Bewußtseinsstromes. Was metaphorisch ausgedrückt wird, ist durch das Umschlagen des Tempus innerhalb des sonst gleichen Satzes verdeutlicht.

Das Hin-und-Her endet aber nicht in der gegenwärtigen Geborgenheit: der Wind springt um, und nun *ist* (nicht *war*) das Ich immer noch draußen, d. h. ein Gleichgewichtszustand von gegenwärtigem Ich drinnen und gleichzeitig gegenwärtigem Ich draußen ist jetzt eingetreten, und obwohl das Gedicht hier endet, ist das Problem keineswegs gelöst: denn nun sind die beiden Ichs gegenwärtig, aber — wie es scheint — für immer getrennt, und das eine ist immer der „geheime Teilhaber" des anderen, denn der Titel *The Secret Sharer* fügt dem Sinn des Gedichts noch ein Moment hinzu, das bislang nicht zur Sprache kam: das der Heimlichkeit [101]. Der Titel entspricht hier der Vorstellung,

[101] Der Titel läßt zunächst an Joseph Conrads gleichnamige Erzählung denken,

daß das eine Ich von dem anderen wie ein Schatten oder Doppelgänger
ständig begleitet, verfolgt, beobachtet, gerufen wird.
Personal- und Possesiv-Pronomen der 1. Pers. Sg. und der Wechsel
des Tempus haben sich als zentrale Strukturelemente des Textes erwiesen. Auch des Stils? Was ist der Unterschied hier zwischen Struktur und Stil?
Thema des Gedichts ist die Erfahrung der Problematik der Identität,
der Lockerung des Ichbewußtseins, also ein psychologisches Problem.
Der metaphorische Titel aber deutet noch eine andere Sinnebene an,
die der geheimen Teilhaber- und Mitwisserschaft, ein soziales und auch
moralisches Problem. Moralisch ist dieses Problem insofern, als in dem
Verhältnis des Ichs zu seinem anderen Selbst auch vergleichsweise das
Verhältnis des Menschen zu seinem Nächsten, seine Verantwortung
für ihn, enthalten ist.
Stil nun, sagten wir, sei einheitliche, charakteristische Verfahrensweise.
Deutet ein wesentlicher Zug dieses Gedichts über sich hinaus auf andere
Gedichte, auf das bisherige Oeuvre von Thom Gunn, vielleicht auf die
moderne englische Dichtung überhaupt? − Ja! In dem Gedicht *Carnal
Knowledge* [102] versetzt sich ein Mann, der erfährt, daß keine der Frauen,
die er besitzt, ihm geben kann, was die eine ihm gegeben hat, die ihm
durch den Tod genommen wurde, argwöhnisch spähend (eine andere
Variante des "Secret Sharer"!) in das Bewußtsein seiner Partnerin, um
von dort mit ihren Augen argwöhnisch sein eigenes Ich zu betrachten
und in ihm wieder argwöhnisch das andere −: unendliche Kette der
Reflexibilität des argwöhnischen Bewußtseins, endlose wechselseitige
Bespiegelung und Bespitzelung in der Lage intimer Lieblosigkeit.

> Even in bed I pose: desire may grow
> More circumstantial and less circumspect
> Each night, but an acute girl would suspect
> My thoughts might not be, like my body, bare.
> I wonder if you know, or, knowing, care?
> You know I know you know I know you know.
>
> (Carnal Knowledge, 1 ff.)

doch finden sich keine Berührungspunkte zwischen dem Bewußtseinsge-
dicht und der Abenteuergeschichte, in der ein junger Kapitän einen um
eines Totschlags willen verfolgten Mann tagelang in seiner Kajüte versteckt,
um ihn an einem sicheren Ort entkommen zu lassen.

[102] In: *Fighting Terms.*

Der geradezu modellhafte letzte Satz, der das Motiv des "Secret Sharer" in veränderter Form aufnimmt und eine tiefe Unsicherheit und Trostlosigkeit anzeigt, stellt eine Bewußtseinserfahrung dar, die nicht erst Thom Gunn gemacht und ausgedrückt hat: sie ist eine moderne Form der ehrlichen Skepsis sich selbst gegenüber: für Gunn ist sie wesentlich. In anderer Form erscheint der Zweifel und die Unsicherheit des Ichs in *On the Move* [103], wo die Lederjacken auf ihren Motorrädern bei aller scheinbar selbstsicheren Wucht der Bewegung doch mit ihrem Zweifel bekleidet sind (v. 15: they strap in doubt — by hiding it, robust) und dabei mit ihrer Brille die Pose der Unpersönlichkeit annehmen (v. 12: In goggles, donned impersonality).

In *A Plan of Self-Subjection* [104] plädiert der Sprecher, der Dichter, für eine wertfreie Erfahrung und Beschreibung dieser Erfahrung; ihm erscheinen die idealen Vorbilder (z. B. Coriolan) ebenso von seinem eigenen Ich angekränkelt, wie dieses von jenen: auch hier das Wechselspiel, das Hin- und - Herreflektieren zwischen dem Ich und seinem idealen Vorbild:

> As Alexander or Mark Anthony
> Or Coriolanus, whom I most admire,
> I mask self-flattery.
> And yet however much I may aspire
> I stay myself — no perfect king or lover
> Or stoic. Even this becomes unreal.
> Each tainted with the other
> Becomes diseased, both self and self's ideal.
>
> (v. 17 ff.)

Zur Genüge zeigen diese anderen Gedichte, daß das Thema des Identitätszweifels ein zentrales Thema bei Thom Gunn ist. Andere Themen schließen sich als verwandt an: das der Isoliertheit, der Ortlosigkeit, der Bewegung ins Ungewisse, die in *On the Move* zum Paradigma der dichterischen Bewegung der Gruppe Amis, Wain, Larkin, Gunn, Elisabeth Jenkins, D. J. Enright, John Holloway, Donald Davie und Robert Conquest wurde [105].

---

103 *New Lines. An Anthology,* ed. Robert Conquest. London: Macmillan, 1962, S. 31 ff.
104 *Ebd.,* S. 38 f.
105 Vgl. Wilhelm Hortmann, *Englische Literatur im 20. Jahrhundert.* Bern und München: Francke 1965 (Dalp-Taschenbücher), besonders S. 191 ff.

Es ist eine Haltung, die auch Samuel Beckett auf seine Weise in *Waiting for Godod* bekundet.

Das Gedicht "The Secret Sharer" ist dem ersten von Gunn veröffentlichen Gedichtband entnommen. Ihm folgten bislang: *The Sense of Movement* (1957), *My Sad Captains* (1961), *Touch* (1967) *The Fair in the Wood* (1969), *Moly* (1971), und die Sammlungen *Poems 1958 – 1966: A Selection* (1969) und, zusammen mit Ted Hughes, *Selected Poems* (1962).

"The Secret Sharer" bezeichnet somit die frühe Phase im Schaffen von Thom Gunn. Diese frühe, durch *Fighting Terms* und *The Sense of Movement* repräsentierte Phase sieht Terry Eagleton in seinem Aufsatz "Myth and History in Recent Poetry"[106] im Zusammenhang seines ganzen bisher erschienenen Oeuvre und meint, daß in ihm von Anfang an ein Mythos, der des Sartreschen Existentialismus, enthalten sei, der es ermögliche, die Kontingenz persönlicher und gesellschaftlicher Geschichte in Beziehung zu einer unterschwelligen Ontologie des namenlosen Nichts zu setzen, das sich zwischen ein aufmerksames Bewußtsein und den Schwarm zerfetzter Wirklichkeit schiebe, in dem jenes sich bewege. "In the earlier volumes, the tactic of a particular poem was then either to dramatise that sickening sense of disparity, or, ... to rest satisfied with the alien self-possession of things, strictly curbing the turbulent, subversive questions which consciousness addressed to them"[107].

Hinsichtlich der späteren Entwicklung Gunns, von *My Sad Captains* an, stellt der Verfasser das Auftauchen eines anderen „Mythos" fest, der für ihn fast in Antithese zum existentialistischen Dilemma steht: den Mythos, nicht des Getrenntseins, der Entfremdung von Mensch, Natur und Geschichte, sondern den ihrer Verbindung oder Vermischung, den Mythos vom Individuum als dem passiven Vermittler ursprünglicher Kräfte, die ihn erfüllen. "The second mythology seems to have grown stronger in Gunn's recent poetry – grown, indeed, to the point where . . . he can talk gravely and explicitly of certain "powers" friendly to man, in whom trust can be placed."[108] "The sharp distinction between controlling mind and chaotic matter of the earlier books seems superseded here:

---

[106] In: *British Poetry after 1960. A Critical Survey,* ed. Michael Schmidt and Grevel Lindop. Oxford: Carcanet, 1972.
[107] *Ebd.,* S. 236.
[108] *Ebd.*

it's by roosting himself responsively in the flow of natural forces, not by fending them off, that man can master them."[109]

Eagleton kommt beim Vergleich der Entwicklung Gunns mit der Davies zu dem Schluß, daß beide jetzt in geborgener Lage in Californien, bzw. am Pazifik, mehr als nur diese geographische Gemeinsamkeit haben, nämlich das — zaghafte — Vertrauen, durch den verschiedenen Gebrauch des Mythos (den Verf. als die fiktive Festigkeit gegenüber der Bewegung der Geschichte versteht), in die Möglichkeit, daß der Mensch in der Welt zu Hause sein könne.

Trifft dies für den späteren Gunn zu, so bezeichnet das Gedicht "The Secret Sharer" allerdings jene Entwicklungsphase, in der der Mensch sich keineswegs „zu Hause" weiß, sondern, im Gegenteil, in der unablässigen dialektischen Bewegung des Drinnen-und-wieder-draußen-seins steht.

Zurück zu Thom Gunns Gedicht *The Secret Sharer*. Die Analyse, die auf zwei auffällige Strukturzüge abzielte, ergibt, durch Vergleiche mit anderen Gedichten gestützt, für den Stil:

Das Gedicht ist der Bewußtseinskunst im weiteren Sinne zuzurechnen; es ist eine Sonderform des inneren Dialogs, in dem die Figur des Doppelgängers als das *alter ego* des lyrischen Ichs erscheint und in dem eine Spannung der Unsicherheit, des Zweifels, der Scheingeborgenheit an dem einen der beiden Pole des Ichs entsteht, das am anderen Pol aporetische Erfahrung der Einsamkeit, der Ausgeschlossenheit, der Isoliertheit und unruhigen Ortlosigkeit durchmacht.

Die psychologische, ins Psychopathologische hinüberspielende Haltung des schizoiden Ichs ist durch einen realistischen Rahmen unmittelbar eindrucksvoll gemacht. Allerdings geht der Realismus leicht durch eine Metapher ins Symbolisch-Metaphysische über (v. 3: a white street unconcerned as a dead eye; v. 5: the curtains... were lit by doubt).

Zwei Metaphern fallen besonders auf: das Bild des in seinen Gedanken wie in einer Steckdose feststeckenden Ichs (v. 13: Fixed in my socket of thought), das die „Fixierung" auf das andere Ich, zugleich die „fixe Idee" dieser monomanischen Suche nach sich selbst anzeigt, und das Bild des in seiner Schiene (Spur, Rinne, Geleise) umkehrenden

[109] *Ebd.*, S. 237.

Windes (v. 16, 17 und 20: The wind turned (turns) in its groove[110]).
Hier ist das Naturelement Wind (eine alte, biblische Metapher für den
Geist) auf die technische Bahn gebracht, mechanisch in eine Richtung
gezwungen (etwa in einem Windkanal zum Testen von Flugzeugen),
in der es nur noch die Alternative der Gegenrichtung gibt. Beide Metaphern verbinden auf eine zwanghafte Art freie, natürliche Phänomene mit
festen, technischen Formen, die sie einzwängen.

Das lyrische Ich steht selber im Banne dieser Mächte, von ihm ist ja die
Rede, und die natürlich-mechanischen Zwittermetaphern sind ja seine
Verfassung.

Stil ist Ausdruck. In diesem Gedicht drückt sich ein Bewußtsein aus,
das seiner Identität nicht gewiß ist, das mit sich in seiner ihm verhängten
Isoliertheit seinen geheimen Partner hat und mit ihm zusammen
das Dasein der Ortlosigkeit, trügerischen Geborgenheit und einer
unendlichen Bewegung in dem sich in sich selbst polarisierenden
Bewußtsein durchlebt.

---

[110] "groove" ist ein besonders beliebtes Wort: es findet sich oft, z. B. bei John
Holloway, "Elegy for an Estrangement" (*New Lines*), S. 13:
>Time by its formal definition moves
>To a sidereal or a solar rhythm
>Too big to watch: perplexed among its grooves
>Each tried to fashion and perfect his system,
>And both drew slowly to them whatever they could find
>(Like pieces for a puzzle) to complete
>The equilibrium of the closed circuit.

Schluß:
Stilanalyse als heuristisches Prinzip

Im Rückblick auf gerade abgeschlossene Untersuchungen werden die darin aufgeworfenen Fragen dem Untersuchenden oft auf neue und verschärfte Weise problematisch. Es meldet sich dann zunächst die Besorgnis, ob das eingangs gegebene inhaltliche und methodische Versprechen auch wirklich eingelöst wurde. Auf den vorliegenden Fall angewendet, stellt sich die Frage, ob die in Aussicht gestellte Anlegung sprachlicher ,,Sonden" an die als ,,Folien" aufbereiteten Texte auch wirklich durchgeführt wurde. Wenn unter ,,Einlösung" die erschöpfende Durchführung aller methodisch zu fordernden Schritte verstanden wird, dann ist die Einlösung sicher nicht erfolgt. Es wurde indessen auf die bewußte Einschränkung der theoretisch postulierten stilkritischen Methode in den praktischen Textanalysen hingewiesen. Zudem kann es kaum der Sinn hermeneutischer Wissenschaft sein, bei der Prüfung des Erkenntniswertes einer bestimmten Methode alle Momente des gesamten hermeneutischen Verfahrens immer von neuem mit positivistischer Gründlichkeit durchzuspielen. Die Geisteswissenschaft als hermeneutische Praxis leidet sowieso an Redundanz perfunktorischer Interpretationen. Allerdings soll dieser Hinweis durchaus nicht verdecken, daß mit den vorgeführten Analysen zwar keine erschöpfenden Stilinterpretationen geleistet, wohl aber verschiedene, allerdings auf dem gleichen Prinzip beruhende Ansätze und Anläufe einer bestimmten, begrenzten Zubringeranalyse gemacht worden sind, die aus der Vertiefung des Verfassers in die Texte und im letzten Grunde seiner Lust an ihnen entsprungen sind, was wohl nicht die schlechteste Motivation ist.

Versprechen und Einlösung seien noch einmal gegeneinandergestellt. In der theoretischen Einleitung (,,Theorie") waren im Wege des von Enkvist empfohlenen, selektiven Verfahrens die für das Stilkonzept dieser Arbeit angemessenen, weil nützlichen Momente zusammengestellt worden. Das besondere Ziel war, eine praktikable Methode zur Untersuchung der Leistung der Sprache im Text für den Stil zu finden.

Die Ergebnisse der Analysen sollten der besseren Erkenntnis und Bestimmung von ,,Stil" als einheitlicher und charakteristischer Verfahrensweise in ihrer jeweilig durch Sachgehalt, Zweck und künstlerisches Gestaltungsprinzip bedingten Abweichung von der Norm, also Deviation, und in ihrem inneren Zusammenhang, also Kohärenz, dienen.

Für das Verständnis von literarischem Stil wurde zunächst die Erkenntnis als grundlegend erachtet, daß Stil, hier eine sprachliche Verfahrensweise, als Ausdruck der sprachlichen „Aussage" — der Begriff ist nicht zu umgehen — und damit als expressiv-kommunikatives Phänomen verstanden werden müsse. Zugleich gründete sich Stil aber erst als Ausdruck auf die in ihm ausgedrückte Haltung des Prägers des Ausdrucks, die nun allerdings — und dies ist ein entscheidendes, von Gadamer herausgearbeitetes Moment [111] — ebenso im sozialen Verhalten wie im literarischen Verhalten als entpersonalisierte charakteristische Haltung, Attitüde oder gar Pose ablösbar, obwohl immer auf einen menschlichen Träger zurückweisend, erscheint. Schließlich war für den Stil, wie er hier verstanden wird, die ästhetisch-dialektische Stilkonzeption der kritischen Philosophie und Ästhetik Adornos bestimmend, in der zwar die künstlerische Qualität eines Werks von seinem Stil als Verfahrensweise, auch in ihrer bereits vom Stilschöpfer durchbrochenen Verfahrensweise eigener Prägung, unterschieden, gleichzeitig aber jene in diesem begründet wird.

Eine nach diesen Gesichtspunkten zu entwickelnde stilanalytische Methode hätte, um den drei beschriebenen Hinsichten gerecht zu werden, den Stil eines Textes als sprachliche Deviation von einer sprachlichen Norm unter Berücksichtigung der die Abweichung begründenden Momente beschreiben müssen. Dies hätte in letzter Konsequenz zur Beschreibung der englischen Sprache als der letzten Norm geführt. Stattdessen wurde die Norm als je und je in der Abweichung hinreichend erkennbare relative Norm unterstellt, wobei der Verfasser als sein eigener Informant hinsichtlich der Beurteilung der als Abweichung zu kennzeichnenden Züge fungierte. Diese Methode erhob den Anspruch, zwar nicht statistisch-quantitativ und somit „exakt", wohl aber selektiv-qualitativ zu verfahren und damit „angemessen" dominante Stilzüge als spezifisch, weil deviativ, zugleich aber auch wiederum generell, weil eine eigene Verfahrensweise begründend, herauszuarbeiten.

Die durchgeführte Analyse und Interpretation der Texte — Analyse bezogen auf die sprachwissenschaftliche „Sonde", Interpretation auf die literarkritische „Folie" — sollte die Leistung sprachlicher Mittel für den Stil zeigen, keineswegs hingegen den Stil dieser Werke oder ihrer Erwirker in allen Zügen an charakteristischen Textbeispielen illustrieren.

Wenn dies Verfahren, das hiermit noch einmal angedeutet und in den

---

111 H. G. Gadamer, *Wahrheit und Methode.* Tübingen, 1972.

praktischen Analysen („Praxis") angewendet wurde, sinnvoll ist, so ist es sinnvoll nur als heuristisches Prinzip. Das heißt, es ist eine Methode, die von Fall zu Fall neu bedacht und neu hergestellt oder eingerichtet werden muß. Kritisches Prinzip der Reflexion von Methode ist Verifizierbarkeit; in diesem Falle Verifizierbarkeit einer intuitiv wahrgenommenen Ausdrucks- und Sinnpotenz in sprachlicher und stilistischer Performanz. Intuition aber ist, wenn sie legitim, nämlich wahrheitsbezogen und erkenntnisantizipierend ist, subjektive Kompetenz.

Der in dieser Arbeit verwendete Stilbegriff, den der Verfasser in aller Unschuld „dialektisch" genannt hat, läßt sich als Ausdrucksverfassung oder „Physiognomie" eines Textes verstehen. Der Ausdruck „Physiognomie" ist zwar nicht neu, in diesem Zusammenhang aber doch neu verwendet. Dieser Stilbegriff verbindet als Kategorie der Vermittlung eine bestimmte, sich gestalt- und prozeßhaft ausprägende Haltung über die expressiv-kommunikative Gestaltung mit der intendierten, von Sachgehalt, Zweck und Gestaltungsprinzip bedingten Wirkung. Die Stilmittel sind sprachlicher und ästhetischer Art; beide vermitteln über die Semantik der sprachlichen und der ästhetischen Formen die Sachgehalte, die die Wirklichkeit enthalten oder gestalten. In der Einsicht in die Vermittlungskraft des Stilbegriffs als einer sprachlich-ästhetischen Kategorie der gestalteten Expressivität eigener Art liegt die von keiner anderen Disziplin wahrzunehmende Möglichkeit, den Wahrheitsgehalt literarischer Texte zu heben.

Nun kennt die Poetologie verschiedene Stilarten:
1. den Personalstil, der die zeitliche Konstanz der sprachlichen Physiognomie des Autors voraussetzt,
2. den Lebensphasen-, z. B. Altersstil, der eine zeitliche Einschränkung der Konstanz nach dem gleichen Grundprinzip bedeutet,
3. den Werkstil, der die vom Urheber abgelöste räumliche Konstanz einer versachlichten Sprachphysiognomie bezeichnet,
4. den Epochenstil, der über die Autorenindividuen hinweg die zeitgeschichtliche Konstanz der sprachlichen Physiognomie einer ganzen Epoche postuliert,
5. den Textstil, der den physiognomischen Kontur eines wie auch immer begrenzten Textes mit Rücksicht auf den Autor meint.

Versteht man Stil als einheitliche Verfahrensweise des Ausdrucks, so werden Stilkonzepte, die die zeitliche Dimension und ihre Veränderung zwangsläufig zur Konstanz teleskopieren, wie der Phasen-, Personal- oder Epochenstil, umso fragwürdiger, je größer der so vereinheitlichte

Zeitraum ist. Fragwürdig wird allerdings auch der gänzlich vom Autor, seinen Lebensphasen und seiner Epoche abgelöste Werkstil, der in seiner formalen Verabsolutierung denn auch in den ahistorischen Poetiken, etwa im "New Criticism", mit Form nahezu identisch ist. Kurzum: Je weiter gespannt der Zeitabschnitt ist, dessen charakteristisches Gepräge der Stil bezeichnen soll, umso problematischer wird er als konstatierte Konstanz. Je abgelöster von seiner individuellen Matrix der Stil verstanden wird, ein desto sterilerer Stil ist er. Nur in der Erfahrung lebendiger Vermittlung, nur „in flagranti", ist Stil zu ertappen.

Anhang

Werner E. Bauer, Zur poetischen Abweichung

Es gibt in der Tat unbestreitbar viele Möglichkeiten, das, was wir als Stil empfinden, auf irgendeine Weise — gewöhnlich mehr schlecht als recht — zu bestimmen. Ich sage ausdrücklich „empfinden", denn die mit der einschlägigen Literatur vertrauten Leser verfügen zweifelsohne über etwas, was wir nach Richard Ohmann mit „stilistischer" Intuition bezeichnen können. Sie sind sehr oft in der Lage, ihnen unbekannte Textproben als einem bestimmten Autor zugehörig zuzuordnen. Darüberhinaus ist die Parodie ein absolut sicherer Hinweis für das Vorhandensein dieser Fähigkeit. Wir haben es hierbei zwar nur mit einem unbestimmten, sehr oft jedoch verläßlichen Gefühl bei der Bestimmung literarischer Gebilde zu tun.

Ohmann greift von den vielen Möglichkeiten der stilistischen Betrachtungsweisen 12 heraus und expliziert sie näher; er unterscheidet u. a. zwischen diachronischer und synchronischer Stilistik, erwähnt die Vorteile eines Studiums der Lautung — hierbei insbesondere des Rhythmus —, verweist auf die Wichtigkeit der Analyse der Tropen und bezeichnet die Verschiebung gewisser grammatischer Merkmale — z. B. Wechsel der Tempora — lediglich als Technik (nicht Stil), denn Stil ist eher in Rekurrenzerscheinungen zu suchen als in einzelnen Strategien der hier erwähnten Art. In seiner Auflistung der Deutungsmöglichkeiten fehlt natürlich auch keineswegs die statistische Methode einer grammatischen Analyse. "This method is without doubt pertinent, but significant results have been highly elusive. One reason is the crudeness of the categories which traditional grammar has made available to critics, whose knowledge of linguistics generally seems to lag by a few decades. (Linguists, by and large, have not busied themselves with stylistics.) Another reason, equally important, is the overwhelming inefficiency of the procedure, given the very large number of grammatical categories, and the lack of any grammatical system that relates them in meaningful, formally motivated ways. Without such a theory, a collection of counts is simply a collection of counts." [1]

---

[1] Richard Ohmann: "Generative Grammars and the Concept of Literary Style", in: Mark Lester (ed.), *Reading in Applied Transformational Grammar.* New York 1973, 2nd ed., p. 114.

Wo liegen die Gründe für die relative Erfolglosigkeit solcher Vorgehensweisen? Ohmanns Antwort zu akzeptieren fällt nicht allzu schwer: er sieht die Schwäche in der Stilbeschreibung als Folge des Nichtvorhandenseins einer adäquaten Sprach- und Semantiktheorie. "A style is a characteristic use of language, and it is difficult to see how the uses of a system can be understood unless the system itself has been mapped out. It is no surprise, in other words, to find stylistics in a state of disorganization when syntax and semantics, upon which stylistics clearly depends, have themselves been hampered by the lack of a theory that is inclusive, unified, and plausible.

The situation in stylistics is understandably analogous to that in the philosophy of language, though more muddled still. Just as philosophers have tended to concentrate on this or that discrete feature of language — words, or groups of words, or grammatical predication, or the relation of reference, or logical structure — in isolation from the rest, so analysts of style have talked about sound, tropes, images, diction, devices of conjunction, parallel structure, and so on, without any apparent sense of priority or centrality among these concerns. Thus, in a time when linguistic theory and practice have passed through at least one renaissance, the most serviceable studies of style continue to proceed from the critic's naked intuition, fortified against the winds of ignorance only by literary sophistication and the tattered garments of traditional grammar. Especially demaging is the critic's inability, for lack of a theory, to take into account the deeper structural features of language, precisely those which should enter most revealingly into a stylistic description." [2]

Poetische Ausdrücke sind von Ausdrücken der Alltagssprache verschieden: Dies ist eine Tatsache, die vor allem von der Prager Schule in den 30er und 40er Jahren besonders betont wurde. Die poetische Sprache wurde deswegen von ihnen als Abweichung von der Norm der Alltagssprache charakterisiert. Es stellte sich bald die Frage nach der Funktion der Abweichung in der poetischen Sprache von der Standardsprache. Die Standardsprache ist in ihrer Verwendung automatisiert, d. h., Sätze sind mit großer Wahrscheinlichkeit in ihrem weiteren Verlauf vorher-

2 *Ebd.*

sagbar. Die poetischen Abweichungen zerstören diese automatischen Abläufe; darüberhinaus bereiten sie dem Hörer und Leser auch erhebliche Schwierigkeiten im gewohnten Verständnis. Danach sind Abweichungen eine schöpferische Deformation der Sprache.

Zur Feststellung poetischer Ausdrücke wurden zunächst statistische Methoden verwendet. Man ging davon aus, daß verschiedene Häufigkeitsvorkommen den Gegensatz zwischen Norm und Abweichung erhellen könnten. In der Tat ließ sich dies in der Poesie vor allem auf der phonologischen Ebene nachweisen (verschiedene Lautverteilungen in Gedichten und Standardsprache). Abweichung wurde so zu einem meßbaren Begriff. Eine statistische Analyse sagt aber z. B. gar nichts über die Ableitbarkeit poetischer Ausdrücke von alltagssprachlichen aus und noch weniger sagt sie etwas über die Verstehbarkeit dieser poetischen Ausdrücke aus.

Chomskys Grammatikmodell ist besonders geeignet, Licht in den Zusammenhang zwischen Abweichung und Norm zu werfen, wobei es mir nur auf eine kurze Darstellung seiner Grundideen ankommt, nicht auf deren Anwendbarkeit auf konkrete Textstellen. Für Chomsky ist „der Gegenstand einer linguistischen Theorie in erster Linie ein idealer Sprecher/Hörer, der in einer völlig homogenen Sprachgemeinschaft lebt, seine Sprache ausgezeichnet kennt und bei der Anwendung seiner Sprachkenntnis in der aktuellen Rede von solchen grammatisch irrelevanten Bedingungen wie − begrenztes Gedächtnis, Zerstreutheit und Verwirrung, Verschiebung in der Aufmerksamkeit und im Interesse, Fehler (zufällige oder typische) − nicht affiziert wird." [3]

Eine Grammatik ist also ein Modell, das die Menge aller möglichen Sätze einer Sprache erzeugen und beschreiben kann. Dies geschieht vermittels eines Regelmechanismus. Eine Sprache ist demnach nicht die Summe aller in einer bestimmten Sprache bildbaren Sätze, sondern vielmehr die Summe aller Regeln, die diese Sätze erzeugen. Diese Regeln lassen sich aufgrund von Rekurrenzen und Gleichheiten in den Sätzen aufzeigen. Die fundamentalen Gleichheiten können aber durch andere Regeln wiederum modifiziert werden, um so eine größere Mannigfaltigkeit an Sätzen zu generieren; dabei gilt, daß die zugrundeliegenden Muster wieder-herstellbar sind. Es versteht sich von selbst, daß es in der Sprache natürlich Grenzen in der Modifizierbarkeit gibt.

---

[3] Noam Chomsky, *Aspekte der Syntax-Theorie*. Frankfurt, 1969, S. 13.

Diese Grundannahmen lassen sich auf die Literatur übertragen: Die literarische Syntax stellt ebenso Einheiten, aus denen die Literatur besteht, bereit, wie die Sätze erzeugende Syntax auf Rekurrenz beruht. Die grammatischen Regeln selbst sind aber nur ein Teil der Gesamtwirkung des literarischen Werkes; sie sind schlechthin die formale Matrix.

Aufgrund der Unterschiede und Gemeinsamkeiten in den Erzeugungsregeln läßt sich der Zusammenhang zwischen poetischen Abweichungen einer Norm beschreiben. „Vollgrammatische" Ausdrücke sind solche, die durch die Grammatik einer Sprache ohne Zusätze bzw. Veränderungen erzeugt werden. „Halbgrammatische" Ausdrücke werden dagegen durch besondere Regeln erzeugt. Wenn sie aber durch Regeln systematisch erzeugt werden können, dann bedeutet dies nichts anderes, als daß sie nach bestimmten Gesetzmäßigkeiten gebildet werden. Diese Gesetzmäßigkeiten sind der Garant für ihre Verstehbarkeit.

Aus der Sicht der generativen Transformationsgrammatik lassen sich drei Aspekte besonders gut zur Beschreibung poetischer Ausdrücke verwerten:
a) ihr Erzeugungscharakter,
b) die Unterscheidung zwischen Kompetenz und Performanz,
c) die zentrale Stellung der Syntax.

Zu a): Eine generative Grammatik hat das Ziel, alle Sätze einer Sprache, und nur grammatische Sätze, zu erzeugen. „Eine völlig adäquate Grammatik muß jedem Satz aus einer infiniten Menge von Sätzen eine Strukturbeschreibung zuordnen, aus der hervorgeht, wie dieser Satz vom idealen Sprecher/Hörer verstanden wird."[4]

Wenn das Grammatikmodell darüberhinaus auch noch in der Lage ist, poetische Abweichungen nach expliziten Regeln zu erzeugen, dann reflektiert es damit die allgemeinen Bedingungen für die sprachschöpferische Tätigkeit, die zum Bilden und Verstehen poetischer Abweichungen notwendig sind.

Zu b): Nach Chomsky versteht sich die Grammatik einer Sprache „als Beschreibung der immanenten Sprachkompetenz des idealen Sprecher/Hörers."[5] Der amerikanische Linguist führt hier eine grundlegende Unterscheidung in die Linguistik ein, nämlich die

---

[4] Noam Chomsky: *Aspekte der Syntaxtheorie.* Frankfurt, 1969, S. 15.
[5] *Ebd.*

zwischen Sprachkompetenz und Sprachverwendung. Unter Kompetenz versteht er die Kenntnis des Sprechers/Hörers von seiner Sprache, unter Sprachverwendung den aktuellen Gebrauch der Sprache in konkreten Situationen. ,,Nur in der im vorangegangenen Abschnitt postulierten Idealisierung kann die Sprachverwendung als direkte Widerspiegelung der Sprachkompetenz aufgefaßt werden, in Wirklichkeit besteht ein so direktes Verhältnis offensichtlich nicht. Eine Aufzeichnung natürlicher Rede zeigt stets zahlreiche falsche Ansätze, Abweichungen von Regeln, Abänderungen der Strategie mitten im Sprechen usw... Für den Linguisten ebenso wie für das Kind, das die Sprache erlernt, besteht das Problem, aus den Daten der Sprachverwendung heraus das zugrundeliegende Regelsystem zu bestimmen, über das der Sprecher/Hörer verfügt und das er in der aktuellen Sprachverwendung in Gebrauch nimmt. Daher ist die Sprachtheorie mentalistisch in einem bestimmten Sinn, weil sie um die Aufdeckung einer mentalen Realität, die dem aktuellen Verhalten zugrundeliegt, bemüht ist."[6]

Diese Dichotomie erlaubt eine recht klare Trennung zwischen poetischen Abweichungen und zufällig *nicht akzeptablen* Sätzen. Fehlformulierungen sind nun einmal keine sprachlichen Innovationen, wie es poetische Ausdrücke sind. Fehlleistungen sind – wie bereits im Zitat angedeutet – Erscheinungen der Sprachverwendung. Poetische Abweichungen müssen aber in einem ganz bestimmten Zusammenhang mit vollgrammatischen Ausdrücken stehen, denn sie werden verstanden – wenn auch oft nur unter großen Schwierigkeiten.

Aufgrund dieser Dichotomie läßt sich eine weitere wichtige Unterscheidung treffen: *Nicht akzeptabel – ungrammatisch*. Nicht akzeptabel werden solche Ausdrücke genannt, die hinsichtlich der Performanz nicht verständlich sind, ungrammatisch solche hinsichtlich *der Kompetenz*. Die Begriffe Akzeptabilität und Grammatikalität sind nicht deckungsgleich: Poetische Abweichungen können sehr wohl akzeptabel sein, brauchen aber nicht vollgrammatisch zu sein.

Zu c): Nach dem Aspektmodell ergeben sich neue Bedeutungen auf der Basis neuer syntaktischer Formen. Die syntaktische Komponente enthält sowohl ein Lexikon als auch eine endliche Menge an Regeln:

[6] *Ebd.*

Sie erzeugt eine „unendliche" Menge an Sätzen. Für Chomsky ist die Syntax also der eigentliche Erzeugungsmechanismus der Grammatik. Die beiden anderen Komponenten, aus denen die Grammatik besteht, sind nur interpretativ, d. h., die semantische Komponente ordnet die syntaktischen Strukturen semantischen Strukturen zu; dabei handelt es sich um die semantische Interpretation. Die semantischen Strukturen geben auf der Basis der Lexikonelemente und der syntaktischen Struktur die Bedeutung an. Entsprechend operiert die phonologische Komponente. Letztlich ist aber alle Information schon in der Syntax enthalten.

Diese wenigen Ausführungen scheinen mir zunächst hinreichend für eine vorläufige Beschreibung poetischer Ausdrücke zu sein. Ein genaueres Studium gängiger Semantiktheorien müßte noch integriert werden.

Die obigen kurzen Bemerkungen zu den vorangehenden stiltheoretischen und stilanalytischen Ausführungen sind als Anregung zur Betrachtung des Stilproblems aus der systematischen Perspektive des modernen Linguisten gedacht.

Benutzte Literatur

A. Interpretierte Texte der Primärliteratur

Henry Pelling, *Britain and the Second World War* (The Fontana History of War and Society). Glasgow: Collins, 1970.

John Robinson, "Our Image of God must go", in: *The Observer,* March 17, 1963.

Harold Wilson, "The New Britain". A Speech made at the Town Hall, Birmingham, on Sunday, 19 January 1964, in: *The New Britain: Labour's Plan Outlined by Harold Wilson.* Selected Speeches 1964. Penguin Books 1964.

Angus Wilson, *Hemlock and After.* Penguin Books 1952, repr. 1957.

Iris Murdoch, *Under the Net.* Penguin Books 1960 u. ö.

Alan Sillitoe, "The Disgrace of Jim Scarfedale", in: *The Loneliness of the Long-Distance Runner.* London: Pan Books, 1961 u. ö.

Christopher Fry, *A Yard of Sun.* A Summer Comedy. London: Oxford University Press, 1970.

Arnold Wesker, *I'm talking about Jerusalem* (The Wesker Triology). Penguin Books 1964, repr. 1970.

Edward Bond, *Lear.* London: Eyre Methuen, 1972.

Thomas Stearns Eliot, *The Cultivation of Christmas Trees.* New York: Farrar, Straus and Cudaky, s. d.; auch in: *Collected Poems 1909 – 1962.* London: Faber & Faber, 1974.

Dylan Thomas, "Fern Hill", in: *Collected Poems 1934–1952.* London: Dent, 1952.

Thom Gunn, "The Secret Sharer", in: *Fighting Terms.* London: Faber & Faber, 1962.

B. Angezogene Texte und Sekundärliteratur

Adix, Marjorie, "Dylan Thomas: Memoirs and Appreciations", in: Brinnin (ed.), *A Casebook on Dylan Thomas* etc. (s. Brinnin).

Adorno, Theodor W., *Ästhetische Theorie.* Gesammelte Schriften 7. Frankfurt a. M.: Suhrkamp, 1970.

Bailey, Richard and Burton, Dolores M., S. N. D., *English Stylistics: A Bibliography.* Cambridge/Mass. M. I. T. Press, und London, 1968.

Bloch, Bernard, "Linguistic Structure and Linguistic Analysis", in: Hill, A. A. (ed.), Report . . . etc. (s. Hill).

Bredella, Lothar, *Die entstellte Wirklichkeit: Eine Analyse der Romane und theoretischen Schriften von Iris Murdoch.* (Diss.) Frankfurt a. M., 1968.

Brinnin, John Malcolm (ed.), *A Casebook on Dylan Thomas.* New York: Crowell, 1960.

Brockhaus, Der Große,

Bünting, Karl-Dieter, *Einführung in die Linguistik.* Frankfurt a. M.: Athenäum, 1971.

Burton (s. Bailey).

Byatt, A. S., *Degrees of Freedom.* The Novels of Iris Murdoch. London: Chatto & Windus, 1965.

Carroll, John B., "Vectors in Prose Style", in: Sebeok (ed.), *Style in Language* (s. Sebeok).

Chatman, Seymour (ed.), *Literary Style: A Symposium.* London/New York: Oxford University Press, 1971.

Chomsky, Noam, *Aspekte der Syntaxtheorie.* Frankfurt a. M.: Suhrkamp, 1969 (Theorie 2).

Conquest, Robert (ed.), *New Lines.* An Anthology. London: Macmillan, 1962.

Cullmann, Oskar, *Christus und die Zeit.* Zürich, 1946.

Day-Lewis (s. Lewis).

Deutschbein/Mutschmann/Eicker, *Handbuch der englischen Grammatik.* Leipzig: Quelle & Meyer, 1931.

Duden, Rechtschreibung der deutschen Sprache und der Fremdwörter. Wiesbaden: Steiner, 1953.

Duden, Der Große, 4: Grammatik der deutschen Gegenwartssprache. Mannheim, 1966.

Eagleton, Terry, "Myth and History in Recent Poetry", in: Schmidt, Michael and Grevel Lindop, *British Poetry since 1960. A Critical Survey.* Oxford: Carcanet, 1972.

Eicker, s. Deutschbein.

Eliot, Thomas Stearns, *Selected Essays.* London: Faber & Faber, 1932, repr. 1953.

ders., *Four Quartets.* London: Faber & Faber, 1944.

ders., *On Poetry and Poets.* London: Faber & Faber, 1957.

Empson, William, "Review of *Collected Poems* and *Under Milk Wood*", in: Brinnin (ed.), *A Casebook . . .* etc. (s. Brinnin).

Enkvist, Nils Erik, "On the Place of Style in Some Linguistic Theories", in: Chatman (ed.), *Literary Style* (s. Chatman).

ders., "On Defining Style", in: Enkvist/Spencer/Gregory, *Linguistics and Style.* London, 1964.

Foot, Michael, *Harold Wilson. A Pictorial Biography*. Oxford/London/Edinburgh/New York/Frankfurt a. M., 1964.

Fowler, Roger, *The Languages of Literature*. Some Linguistic Contributions to Literature. London: Routledge & Kegan Paul, 1971.

Fraser, C. S., "Dylan Thomas", in: Brinnin (ed.), *A Casebook* . . . etc. (s. Brinnin).

Fries, Charles Carpenter, *The Structure of English*. London: Longmans, Green & Co., 1967.

ders., *American-English Grammar*. New York/London: Appleton-Century-Crofts, 1940.

Gadamer, Hans-Georg, *Wahrheit und Methode*. Grundzüge einer philosophischen Hermeneutik. Tübingen: Mohr (Siebeck), 1972.

Geissner, Hellmut, *Rede in der Öffentlichkeit*. Eine Einführung in die Rhetorik. Stuttgart/Berlin/Köln/Mainz, 1969.

Gregory, Horace, "The Romantic Heritage of Dylan Thomas", in: Brinnin (ed.), *A Casebook* . . . etc. (s. Brinnin).

Habermas, Jürgen, „Vorbereitende Bemerkungen zu einer Theorie der kommunikativen Kompetenz", in: Habermas/Luhmann, *Theorie der Gesellschaft*. (s. Habermas, J. und Luhmann, N.).

Habermas, Jürgen und Luhmann, Niklas, *Theorie der Gesellschaft oder Sozialtechnologie*. Frankfurt a. M.: Suhrkamp, 1971.

Halliday, M. A. K., "Linguistic Function and Literary Style: An Inquiry into the Language of William Golding's 'The Inheritors'", in: Chatman (ed.), *Literary Style* (s. d.), (s. Chatman).

Hartmann, Peter, „Texte als linguistisches Objekt", in Stempel (Hrsg.), *Beiträge zur Textlinguistik* (s. Stempel).

Hill, A. A. (ed.), *Report on the Fourth Annual Round Table Meeting on Linguistics and Language Teaching*. Washington, D. C., 1953.

Hockett, Charles F., *A Course in Modern Linguistics*. New York: Macmillan, 1958.

Holloway, John, "Elegy for an Estrangement", in: Conquest (ed.), *New Lines* (s. Conquest).

Horkheimer, Max und Adorno, Theodor W., *Dialektik der Aufklärung*. Frankfurt a. M.: S. Fischer, 1969.

Hortmann, Wilhelm, *Englische Literatur im 20. Jahrhundert*. Bern/München: Francke, 1965 (Dalp-Taschenbücher).

Hüttenbrenner (s. Koziol).

Katz, Jerrold J., *Philosophie der Sprache*. Frankfurt a. M.: Suhrkamp, 1969, S. 92f.

Kayser, Wolfgang, *Das sprachliche Kunstwerk.* Eine Einführung in die Literaturwissenschaft. Bern: Francke, 1951.

Keats, John, The Letters of . . . , ed. Rollins, H. E., 2 vols., Cambridge: University Press, 1958.

Koziol-Hüttenbrenner, *Grammatik der englischen Sprache.* Heidelberg: C. Winter, 1956.

Lausberg, Heinrich, *Handbuch der literarischen Rhetorik,* 2 Bde. München: Hueber, 1960.

Leisi, Ernst, *Das heutige Englisch.* Heidelberg: C. Winter, 1955.

Levin, Samuel R., "The Conventions of Poetry", in: Chatman (ed.), *Literary Style* (s. Chatman).

Lewis, Cecil Day, *The Poetic Image.* The Clark Lectures. London: J. Cape, ^{11}1964.

Lindop (s. Schmidt, Richard).

Mukařovsky, Ian, "Standard Language and Poetic Language", in: *Essays on the Language of Literature.* Boston/Mass., 1962.

Mutschmann (s. Deutschbein).

Newman, John Henry, Cardinal, *A Grammar of Assent.*

Ohmann, Richard, "Speech, Action, and Style", in: Chatman (ed.), *Literary Style* (s. Chatman).

Olson, Elder, "The Nature of the Poet", in: Brinnin (ed.), *A Casebook . . .* etc. (s. Brinnin).

Perowne, Stuart, "A Note on the Palio", in: Fry, *A Yard of Sun.* (s. Fry).

Robinson, John A. T., *The New Reformation?* SCM Paperback.

Scheurweghs, G., *Present-Day English Syntax.* London: Longmans, Green and Co., 1959.

Schlüter, Kurt, *Kuriose Welt im modernen englischen Roman.* Berlin: Erich Schmidt, 1969.

Schmidt, Heinrich, *Philosophisches Wörterbuch.* Kröner.

Schmidt, Richard (s. Eagleton).

Sebeok, Thomas A. (ed.), *Style in Language.* Cambridge/Mass.: M. I. T.: The M. I. T. Press, 1971 (Paperback).

Smith, Leslie, *Harold Wilson. The Authentic Portrait.* London, 1964.

Stanford, Derek, "Critics, Style and Value", in: Brinnin (ed.), *A Casebook....* etc. (s. Brinnin).

Steiner, George, *Extra-Territorial.* Papers on Literature and the Language Revolution. London: Faber & Faber, 1972.

Stempel, Wolf-Dieter (Hrsg.), *Beiträge zur Textlinguistik.* München: Fink, 1971.

Todorov, Tzvetan, "The Place of Style in the Structure of the Text", in: Chatman (ed.), *Literary Style* (s. Chatman).

Ullmann, Stephen. "Stylistics and Semantics", in: Chatman (ed.), *Literary Style* (s. Chatman).

Viebrock, Helmut, „Iris Murdoch: 'Under the Net'", in: Horst Oppel (Hrsg.), *Der moderne englische Roman.* Interpretationen. Berlin: Erich Schmidt, 1965.

Widdowson, H. G., "Stylistic Analysis and Literary Interpretation", in: *The Use of English,* XXIV, 1 (Autumn 1972).

Wilson, Harold, *The Relevance of British Socialism.* London, 1964.

Yeats, William Butler, *The Wanderings of Oisin and Other Poems.* London, 1889.

Zimmermann, Hans Dieter, *Die politische Rede.* Der Sprachgebrauch Bonner Politiker. Stuttgart/Berlin/Köln/Mainz, 1969.